CHAKRAS

CHAKRAS

Usando el yoga para equilibrar tus chakras

Mary Horsley

Los libros de Gaia celebran la visión de Gaia, la Tierra viva
y que se autoabastece, y pretenden ayudar a sus lectores a vivir
en una mejor armonía personal y planetaria

Publicado originalmente en el Reino Unido en 2006
Título original: *Chakra Workout*,
por Gaia Books, una división de Octopus Publishing Group Ltd.
2-4 Heron Quays, Docklands, Londres E14 4JP

© 2006 Octopus Publishing Group Ltd.
Texto © 2006, Mary Horsley

Traducción: Blanca González
Fotocomposición: Versal (Madrid)

De la presente edición española
© Gaia Ediciones, 2006
   Alquimia, 6
   28933 Móstoles (Madrid)
   Tel.: 91 617 08 67
   Fax: 91 617 97 14
   e-mail: contactos@alfaomega.es · www.alfaomega.es

ISBN: 84-8445-166-6

Primera edición en español: enero de 2007

Queda prohibida, salvo excepción prevista en la ley, cualquier forma de reproducción, distribución, comunicación pública y transformación de esta obra sin contar con autorización de los titulares de propiedad intelectual. La infracción de los derechos mencionados puede ser constitutiva de delito contra la propiedad intelectual (artículo 270 y siguientes. Código Penal). El Centro Español de Derechos Reprográficos (www.cedro.org) vela por el respeto de los citados derechos.

índice

6	Nota de la autora
8	Introducción
12	**Capítulo 1** El aura
22	**Capítulo 2** Los chakras principales
76	**Capítulo 3** Los chakras menores
90	**Capítulo 4** Asanas
Posturas
130	**Capítulo 5** Pranayama
Respiración
144	**Capítulo 6** Dhyana
Meditación
156	Índice de materias
160	Agradecimientos/Créditos de las ilustraciones

nota de la autora

Cuando era niña, una época que compartí con cuatro hermanos varones mayores que yo que se juntaban de forma natural en dos grupos de dos, pasaba mucho tiempo inmersa en mi propio mundo. Cuando no estaba soñando con ser la primera bailarina del Covent Garden, lo que sucedía durante mis clases de ballet («Mary Horsley, ¿quieres despertar...?»), hablaba con mi cuñada imaginaria, con mi sapo *Trethias,* con la tortuga *Timmy* y con las gallinas. Por las noches, cuando me iba a dormir, solía tener lo que llamaba «mi sensación de Alicia», que me hacía ser consciente de cómo el mundo giraba lentamente en el espacio. Al cabo de un tiempo, sentía como si mi cuerpo girara en una dirección y mi cabeza en la otra, y yo saliera de mi cuerpo, haciéndome muy alta y estirándome hasta llegar al techo. Estaba convencida de que en esto no me iban a tomar más en serio que en lo referente a mi cuñada imaginaria, por lo que lo mantuve en secreto, a pesar de que me asustaba bastante. A menudo me preguntaba: «¿Y qué pasaría si no fuera capaz de bajar otra vez?» Irónicamente, ahora me doy cuenta de que mi padre, un hombre bastante poco corriente, practicante, vegetariano, contrario a la vivisección y místico, probablemente podría haberme explicado todo acerca de mis experiencias extracorporales.

La primera vez que estudié yoga fue en Swansea, una localidad de la costa sur galesa, antes de cumplir los treinta años. Acababa de tener un desacuerdo (está bien, una pelea) con mi hijo de tres años en la tienda del pueblo. En el momento de pagar, escuché cómo una señora le explicaba muy suavemente y con amabilidad que quizá su madre no quería comprarle aquel paquete de cereales porque éstos contenían demasiada azúcar y no eran buenos para él. ¿De dónde sacaba tanta tranquilidad? Yo también quería tenerla. Me habló de sus clases de yoga.

Una tarde, el profesor trajo una peonía roja para que meditáramos sobre ella. Llevábamos un ratito realizando el ejercicio cuando percibí que la flor emitía una perceptible luz verde que brillaba unos dos centímetros y medio alrededor de los pétalos. Casi no pude esperar al final del ejercicio para compartir lo que había visto. Mi profesor era muy sabio y reconoció mi experiencia, pero evitó darle importancia.

Unos meses más tarde me encontraba leyendo tumbada boca abajo sobre el suelo del cuarto de estar, delante de la chimenea, en una especie de postura de la cobra; de pronto, percibí como una brillante media luna de color plateado sobreimpresa en la página, como si fuese de cristal. Me froté los ojos, pero no se iba. Paseé la mirada por la habitación y la luna aparecía dondequiera que posara la vista. Me quité las lentillas. La luna todavía seguía allí, puede que incluso mayor. Llamé al médico. Al cabo de unas horas, la luna se desvaneció. Muchos años más tarde, cuando estaba realizando mi formación como profesora de yoga, escuché a Swami

Venkatesananda describir el símbolo del chakra Svadisthana. Me quedé atónita. Estaba describiendo exactamente lo que yo había visto. Desde ese momento, empecé a desarrollar un interés particular por los chakras y leí todos los libros que pude encontrar acerca de ellos. Me di cuenta de que determinadas posturas podían disparar la apertura espontánea de un chakra.

Cuando estudiaba acupuntura, en la década de los ochenta, solíamos practicar mirando a los pacientes a la cara para leer los sutiles colores alrededor de los ojos y la boca, que indican qué meridianos están desequilibrados. Empecé a ver personas que deambulaban rodeadas de un resplandor. Vi claro que esta «otra dimensión» estaba siempre presente; lo que, de hecho, era bastante normal.

En cierta ocasión, acababa de poner las agujas en el pie de una paciente cuando observé una línea de luz que brillaba a lo largo del canal del meridiano. No le dije lo que había visto, pero le pregunté: «¿Puede ver esto?» Ella me confirmó lo que yo estaba viendo, y pensé: «Así que ésta es la forma en la que descubrieron los canales de los meridianos». Era algo que siempre me había intrigado, porque no acababa de convencerme la explicación tradicional de que se habían encontrado enlaces entre los meridianos y los órganos en los soldados heridos en el campo de batalla.

Hace aproximadamente diez años me encontraba en el monasterio de Kopan, en Katmandú, formando parte de un grupo que recibía enseñanzas de Geshe Lama Konchog. Llevábamos horas sentados con las piernas cruzadas. Cuando nos levantamos para despedirle, escuchamos un sonoro chasquido que retumbó por todo el templo y uno de los miembros del grupo se derrumbó presa del dolor. Varios de nosotros éramos terapeutas y rápidamente acudimos en su ayuda. Parecía que se había roto la tibia. Ante mi asombro, Geshe Lama, famoso por sus poderes de sanación, no nos dirigió más que una breve mirada y abandonó el templo, camino de sus cercanas habitaciones. Al día siguiente teníamos previsto ir a caminar por los Himalayas. Lo milagroso era que aquella chica estaba entre nosotros con la pierna totalmente recuperada.

Todos tenemos el potencial de experimentar esta otra dimensión y profundizar en nuestro entendimiento. Lejos de estar siempre vagando por las nubes, soy una persona que tiene los pies sobre la tierra (a diferencia de cuando era niña) y una saludable dosis de escepticismo. Sólo creo aquellas teorías que pueden comprobarse. Hubo un tiempo, no hace demasiados años, en los que las enseñanzas sobre los chakras se mantenían en secreto, quizá por miedo a que se empleara mal su poder. Sé que existe una red de seguridad interior y creo que los chakras se abren del todo solamente cuando estamos preparados para aplicar su poder a favor del bien mayor.

Me gustaría dedicar este libro a mi profesor de yoga, Fred Lock, así como a todos mis alumnos y pacientes que me han enseñado tanto a lo largo de todos los años en los que los he tratado. También es para mis hijos, Owen y Meg; sus parejas, Diana y Frank; mis nietos, Nina, Nils e Indigo, y mis difuntos padres, Jim y Judy. A todos ellos les doy las gracias por aguantar mis extrañas ideas.

Mary Horsley/Sangye Khadro

introducción

Imagina que estás de pie, desnudo, tranquilamente contemplando tu imagen en un espejo de cuerpo entero. ¿Qué es lo que verías?

Verías tu cuerpo físico, en cierto modo esculpido por el tipo de vida que has llevado y por los pensamientos que has tenido. Puede que observes efectos temporales, como unos hombros tensos, si estás pasando una mala racha. Es posible que veas las emociones reflejadas en tu cara. Algunos de vosotros quizá tengáis líneas grabadas permanentemente en la piel, producto de la sonrisa o un ceño fruncido; otros puede que tengáis un semblante sereno y suave. Lo que veríamos la mayoría de nosotros es lo que somos o quiénes somos —huesos, carne, músculos—, dispuestos de una manera que merezca nuestra aprobación, o no.

¿Qué pasaría si te dijera que la imagen que contemplas en el espejo es solamente la mitad, o quizá menos, de la imagen real? ¿Cómo podrías ver la imagen completa?

Prueba a realizar el siguiente ejercicio: en una habitación con poca luz, colócate de pie frente a un espejo y respira suavemente, durante unos minutos, con los ojos cerrados. Abre los ojos y observa atentamente tu imagen un tiempo, dejando que tus ojos se desenfoquen (contempla no tanto tu cuerpo físico como el área que lo rodea). Quizá te lleves una sorpresa. Y apostaría a que, si lo haces, te frotarás los ojos con incredulidad y, al hacerlo, la imagen desaparecerá. Cuando nos miramos a nosotros mismos, o a cualquier otra persona, con el marco mental adecuado, y a ser posible a media luz, podemos acceder al mundo de las energías sutiles que rodean y penetran nuestro cuerpo físico y ver el aura de la consciencia humana.

Las energías sutiles y el aura

Estas energías sutiles están compuestas, en parte, por nuestra fuerza vital, o prana, que teje a través de nuestro cuerpo canales o meridianos (*meridiano*, traducido del chino, significa «urdimbre») como si se tratara de un circuito eléctrico. Los yoguis llaman a estos canales nadis (véanse páginas 16-17). También existe un campo de energía, denominado aura, que irradia del cuerpo y lo rodea. De este campo emanan luz y color; luz y color que penetran en el campo desde unos focos de energía concentrada alineados a lo largo de la columna vertebral, desde la base a la corona, como las joyas resplandecientes de un collar. Estos focos reciben el nombre de chakras.

Para la mayoría de las personas, el aura parece al principio como una especie de neblina poco definida de luz, de un color gris blanquecino y de unos dos o tres centímetros de grosor, que rodea el cuerpo. Con la práctica, veremos cómo aumenta su grosor y rodea el cuerpo tomando una forma ovoidal (véase ilustración, derecha). Y esto no es más que el principio…

El aura tiene muchos estratos y cada uno penetra en el siguiente. Están dispuestos sobre nuestro cuerpo como las sombras sobre una lámpara o como muñecas rusas. Estos estratos se llaman *koshas*, o envolturas, y todos juntos constituyen nuestro sutil campo energético de fuerza. El aura de una persona sana es lustrosa, brillante, teñida de colores vibrantes y riela como si fuera un espejismo. Sin embargo, su aspecto varía según nuestro estado de ánimo y puede verse afectado por la atmósfera que nos rodea.

Cada chakra en concreto abre la puerta a una etapa del desarrollo. A medida que crecemos, y siempre que se den las condiciones adecuadas, se nos van abriendo uno a uno (tradicionalmente se los ha representado como flores de loto) para apoyar y reflejar nuestro desarrollo en esa etapa. Empezamos el viaje cuando nacemos, con una concentración de energía en el chakra base, conectado con los sentimientos de seguridad. Más adelante, la energía sube gracias a un enfoque en la creatividad, el poder personal, la compasión, la comunicación, la intuición y, finalmente, la unión con la divinidad o felicidad suprema. Abrir los chakras es como entrar en una habitación en la que tenemos

Forma del aura

El aura que emana de nuestro cuerpo tiene una forma vagamente ovoidal. En una persona muy evolucionada espiritualmente, la forma del aura es más ancha en la corona y termina en punta en los pies.

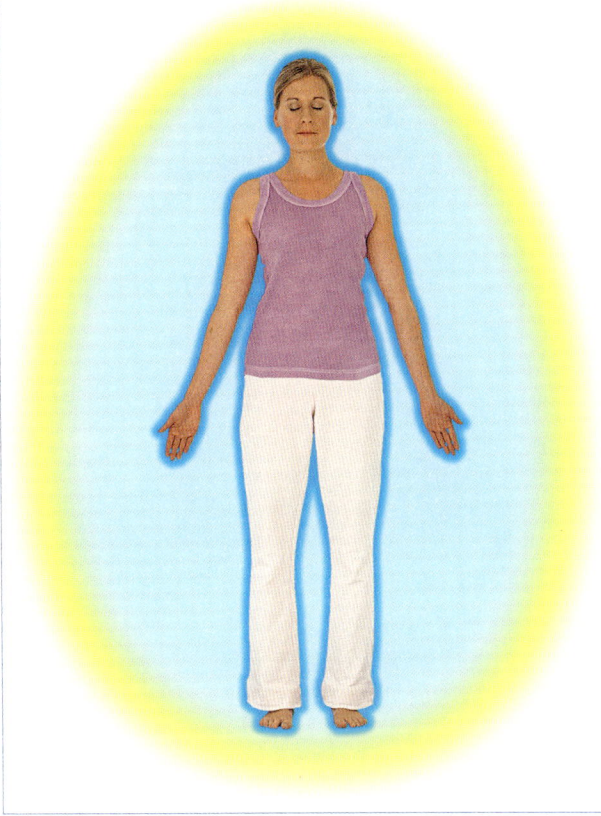

que aprender una lección que nos permitirá encontrar la llave para la siguiente habitación, y así sucesivamente. Cuando abrimos cada uno de los chakras, nuestra consciencia sube hasta el siguiente nivel, incrementando así la integridad y permitiéndonos avanzar cuando estamos preparados.

Desgraciadamente, las circunstancias pueden no ser las que conduzcan a la apertura correcta de un chakra e, incluso, pueden llegar a bloquearlo. Puede que no hayamos sido lo suficientemente afortunados como para experimentar seguridad en la niñez, lo que habrá inhibido el apoyo energético y la apertura del primer chakra, Muladhara. Podremos avanzar en algunos aspectos, pero tendremos temas pendientes en lo referente a la inseguridad. Esto tiñe el aura, dejando una resonancia, o daño, claramente visible para un vidente. Como el rojo es el color asociado con el primer chakra, quizá esté borroso en el campo energético o puede que haya una predominancia o una falta de este color, particularmente en la parte más baja del aura. Si nos sentimos inseguros, esto se refleja en nuestra aura y, aunque los demás no puedan verla, perciben nuestra inseguridad en algún nivel.

Afortunadamente, es posible reequilibrar y sanar los chakras, como veremos más adelante. Cuando aprendes más acerca de ellos, y acerca de las áreas de la vida y las emociones en las que influyen, puedes averiguar cuáles necesitan un pequeño apoyo suplementario y dar los pasos necesarios para sanarlos y afinarlos. A lo largo del presente libro sugiero muchas formas agradables de hacerlo, especialmente mediante la práctica del yoga y diversas técnicas de respiración y meditación.

Los chakras

Los siete chakras principales aparecen en etapas a lo largo de la columna vertebral, empezando en el perineo y subiendo hasta la corona. Según la traducción literal del sánscrito, *chakra* significa «rueda». Estos vórtices giratorios de energía relucen con la luz del espectro luminoso, del rojo en la raíz al violeta en la corona. El chakra raíz irradia luz y energía hacia abajo, los cinco siguientes hacia delante y el del chakra corona hacia arriba. Se comunican unos con otros a través de una conexión común con el mismo nadi, o canal, conocido como Sushumna (véanse páginas 16-17), que asciende por la parte central del cuerpo a lo largo de la columna vertebral.

El equilibrio de las energías sutiles de los chakras afecta a todo lo que pensamos, decimos o hacemos, y todo esto, a su vez, afecta al aura; los chakras purifican nuestra personalidad y la forma en que nos presentamos ante el mundo, y tienen una influencia clara en nuestro aspecto físico y las tendencias de nuestro carácter. ¿Cuántas veces has escuchado la frase de que es imposible amar a nadie mientras no aprendamos a amarnos a nosotros mismos? En la persona que recibió, en alguna etapa de su vida, el mensaje de que no podía ser amado, el pobre chakra corazón puede aparecer, para un vidente, literalmente roto, con lo que el odio de esta persona hacia sí mismo se haría evidente en el aura. Sanar esa herida, revitalizando la energía de este chakra, le permitiría ser capaz de sentir compasión por sí

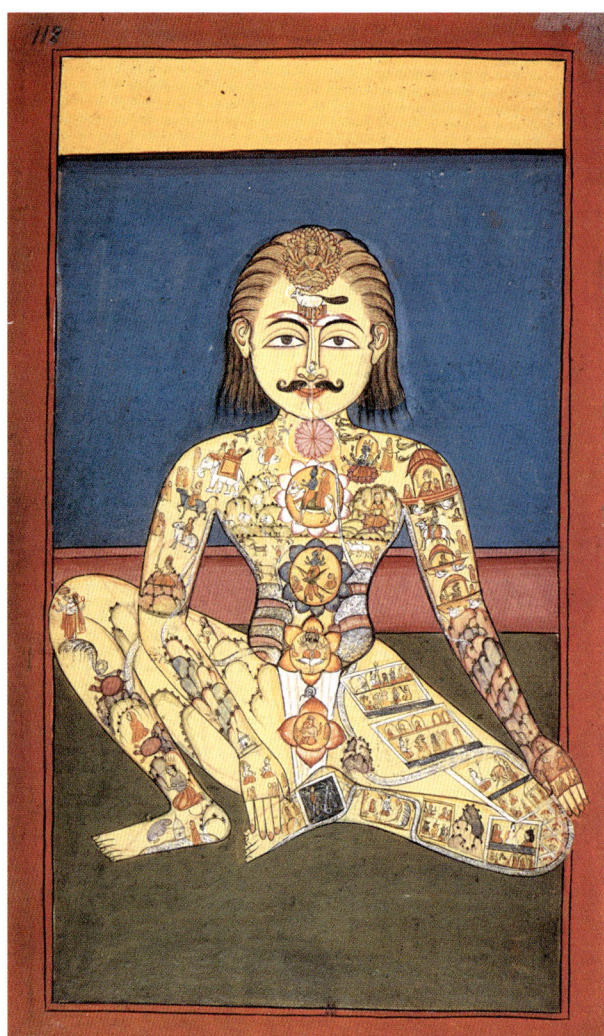

Esta miniatura india del siglo XVIII muestra un yogui cubierto de tatuajes de la cabeza a los pies. Forma parte de una serie en la que se representan diversas técnicas de yoga.

Acerca del libro

Dado que los chakras ejercen una influencia tan poderosa sobre todos los aspectos de nuestras vidas, podemos obtener un enorme beneficio si nos otorgamos el tiempo necesario para equilibrarlos. A lo largo de estos años he diseñado muchos métodos de trabajo para los chakras, aplicando mis conocimientos acerca de los meridianos y el yoga. El capítulo 1 de este libro describe con detalle el aura y te conducirá a lo largo de un completo viaje por los siete chakras principales y sus asociaciones, que encontrarás en el capítulo 2. Aprenderás muchas formas prácticas de equilibrarlos, incluyendo el uso del color, el sonido, los mantras, los aceites de aromaterapia, los cristales, el masaje y los alimentos. No he incluido las asociaciones astrológicas, puesto que hay diferentes criterios en estas asociaciones. En el capítulo 3 describo algunos de los chakras menores más importantes y sus asociaciones.

El capítulo 4 describe asanas, o posturas de yoga, para los chakras y hace una lista de los beneficios de cada uno de ellos. El yoga es una de las técnicas más potentes que he encontrado para reequilibrar los chakras y su práctica aporta muchos otros beneficios. Muchas personas experimentan el poderoso efecto que el yoga ejerce en sus vidas más allá del aspecto físico, sin darse cuenta de por qué es tan efectivo: han estado reequilibrando sus chakras. El hecho de aprender el modo en que las posturas afectan a los chakras y aplicando ese conocimiento a la práctica, aumenta en gran medida su eficacia y proporciona una herramienta suplementaria para adquirir el equilibrio emocional. Conseguimos el beneficio doble de mejorar la salud física de una forma amena (es muy divertido realizar las posturas) mientras desarrollamos una mente tranquila y una actitud positiva hacia la vida. ¡Y puedes hacerlo por tu cuenta, sin tener que pagar enormes cantidades de dinero a un terapeuta!

Con el uso de la técnica de respiración correcta en cada postura de yoga, y practicando diversas técnicas de respiración muy poderosas, que se describen en el capítulo 5, acelerarás tu progreso considerablemente, incrementando los niveles de energía en todos los chakras.

Finalmente, en el capítulo 6 encontrarás una serie de técnicas de meditación que forman parte de una práctica equilibrada del yoga y que te ayudará a relajar la mente, aportando una gran claridad y una profunda dimensión espiritual a tu crecimiento.

mismo, y con ello por los demás, y amar incondicionalmente. Eso significaría una auténtica transformación.

Los chakras proporcionan una fuerza de vida a nuestro cuerpo físico. Podríamos, en cierto modo, considerarlos como las válvulas de seguridad de nuestro sistema de energías sutiles, que descargan energía y color hacia el campo de fuerza que nos rodea. Cuando nos enamoramos, el aura tiene un vivo resplandor verde, el color del chakra corazón. Todos podemos sentir esa energía especial alrededor de una persona que acaba de enamorarse.

La imagen de la flor de loto se emplea para todos los chakras.

1 el aura

Existe un estado en el que es posible disfrutar de una salud perfecta, en el que nunca nos veremos perturbados por las emociones (propias o ajenas) y en el que todo, incluidos el pasado y el futuro, es conocido y comprendido en el nivel más profundo. Es muy difícil alcanzar este estado de iluminación, pero todos y cada uno de nosotros podemos llegar a él durante nuestra vida. Para poder conseguirlo, es imprescindible que nuestros chakras estén equilibrados y totalmente abiertos. Los chakras son parte de nuestro sistema de energía sutil, del cual irradian campos de fuerza vital concentrada a través de un aura, o campo de energía humano, que nos rodea (véanse páginas 8-9).

Si un vidente nos observara, podría ver un espectáculo de luces de colores que se entremezclan brillando alrededor de nuestros cuerpos en anillos radiantes, teñidas por cada chakra, a las que afectan nuestros pensamientos, emociones, estilos de vida, comportamientos y actividades. El aura humana varía considerablemente de una persona a otra, de un estado de ánimo a otro, y puede leerse como un «informe de nuestro estado actual» y como una biografía de nuestras vidas.

El yoga nos permite abrillantar y limpiar el aura, dado que a lo largo de los años ésta se deteriora por los acontecimientos positivo y negativo normales de nuestra vida. Otro beneficio del yoga es que extiende el alcance del aura, que forma un campo protector de luz radiante. Las posturas, o asanas, vuelven a sintonizar los chakras para que cada uno de ellos gire con fuerza en la dirección correcta y se comuniquen bien con los demás.

Reconocimiento instintivo

Tanto si somos conscientes de ello como si no, el hecho es que influimos sobre nuestra aura y sobre las de las demás personas. Los animales tienen auras y reaccionan instintivamente hacia las de aquellos con quienes se encuentran, evitando a unos y siendo atraídos por otros. En culturas más sintonizadas, las llamadas «gentes primitivas» podían ver las auras y a menudo las representaban en sus formas artísticas. Hoy en día, la mayoría de nosotros hemos perdido esta habilidad, pero es muy probable que tú, lector, hayas experimentado el campo humano de energía sin saberlo. ¿Recuerdas esa sensación de encontrarte junto a alguien de quien desearías alejarte? Hay algo acerca de estas personas que te avisa para que guardes las distancias. O quizá conozcas a alguna persona cuya sola presencia te hace sentir bien, alguien que «ilumina la habitación».

Auras equilibrada y desequilibrada

El aura de una persona equilibrada es muy bella: luminosa, vibrante y girando en espiral; un constante juego de luz y colores sutiles. En una persona espiritual, predomina el azul violáceo luminoso y puede que incluso haya refulgentes estrellas doradas alrededor de su coronilla. Los colores del aura están más allá de la escala normal que puede percibir el ojo humano: se dice que hay más de 1.400 tonos de azul, 1.000 rojos, 1.400 marrones, 800 verdes, 550 naranjas, 360 violetas y 12 blancos.

En las personas que tienen los chakras desequilibrados, el aura está a menudo nublada por la emoción, con remolinos caóticos y corrientes cruzadas, teñida con borrones negros y marrones producto de emociones negativas. Por ejemplo, en lugar de mostrar el azul verdoso pálido y luminoso de la compasión, podría mostrar el viscoso gris verdoso del engaño. La ira aparece como destellos de un color rojo intenso sobre un fondo negro; los celos son destellos escarlatas sobre un fondo marrón verdoso. Dado que todos nuestros pensamientos y emociones se ven reflejados en nuestra aura, podemos deducir que su tamaño, claridad y luminosidad dependen de cuánto dominio hayamos adquirido sobre nuestras emociones y del equilibrio de energía en los propios chakras.

El campo humano de energía

El aura se extiende desde nuestros cuerpos con una forma ovoidal en estratos de luz radiante. He aquí una ilustración de cómo podrías ver las auras al principio. (Los símbolos de los siete chakras principales están sobreimpresos en la ilustración para mostrar su localización.) Un vidente es capaz de ver más y puede leer el estado de los chakras en la forma en que los colores asociados a cada uno de ellos aparecen en el aura.

estratos del aura

Todo ser humano posee tres «cuerpos» independientes pero que penetran unos en otros. Reciben el nombre de *koshas*, o envolturas, y forman el aura. Estos cuerpos son: el físico o burdo, conocido como *annamaya kosha*; el cuerpo sutil, o doble etérico (que consiste en el cuerpo astral más dos cuerpos mentales), conocido como *suk-ma-ar-ra*, y el cuerpo espiritual, o causal, conocido como *karana sarira*. En el yoga tántrico (trascendental), los estratos que forman estos cuerpos reciben a veces las denominaciones de pliegues cósmicos o de las cinco envolturas. Desde el cuerpo físico hasta el cuerpo causal, los estratos disminuyen en densidad y aumentan en luminosidad; todos ellos, excepto el cuerpo físico, forman el aura.

1. Annamaya kosha
Cuerpo físico

El cuerpo físico, tal y como lo conocemos, está asociado con los elementos de los tres chakras inferiores: Muladhara (tierra), Svadisthana (agua) y Manipura (fuego), que trataremos con detalle en el capítulo 2 (véanse páginas 24-31, 32-39 y 40-47). Al mismo tiempo, el cuerpo físico está también entretejido de prana/energía, que penetra hasta el fondo del mismo desde la siguiente envoltura, el pranayama kosha. A través del cuerpo se transporta prana, o fuerza vital, por medio de miles de canales, conocidos como nadis o meridianos. En cierto modo, es como si nuestro cuerpo físico estuviera tejido en una urdimbre de electricidad humana que lo mantuviera unido de forma invisible.

2. Pranayama kosha
Cuerpo astral/doble etérico

El cuerpo astral comprende no sólo el prana de los nadis, que rodea todos los sistemas, sino también el cuerpo astral/pránico, y se extiende entre 25 y 30 cm alrededor del cuerpo físico formando la segunda envoltura. En una persona moral o intelectual, se extiende hasta 45 cm, y aún más en individuos espiritualmente evolucionados. Se ve afectado por nuestras emociones, pasiones y deseos, y por nuestros pensamientos. Los primeros dos centímetros y medio de la envoltura astral tienen el aspecto de una versión en nebulosa de la persona (conocida como doble etérico o *doppelgänger*) que puede verse como un fantasma tras la muerte. El cuerpo astral se relaciona con el chakra Anahata (véanse páginas 48-55) y con el chakra Vishuddha (véanse páginas 56-63). Puede tener una apariencia resplandeciente y luminosa, o turbia y basta, dependiendo del desarrollo de la persona.

El cuerpo astral responde positivamente cuando se le alimenta con sentimientos, aspiraciones y pensamientos constructivos y amor incondicional pero, sin ellos, se va difuminando lentamente. Nos permite experimentar sensaciones y sentimientos, y nos proporciona un puente entre los cuerpos mental y físico.

3. Manomaya kosha
Primera envoltura de la mente

El primer kosha de la mente transporta nuestros pensamientos; por ejemplo, «esto es un libro». Está permeado de prana, que aporta energía a estos pensamientos. Como el anterior, se relaciona con los chakras Anahata y Vishuddha. Rota sobre su eje y despliega bandas de color no para colorear nuestros pensamientos, sino para desplegar el color de éstos.

4. Vijnanamaya kosha
Segunda envoltura de la mente

Al estar relacionado con la mente superior, este luminoso kosha está relacionado con las ideas y pensamientos abstractos, como por ejemplo la literatura o el sentido de la vida.

Vijnanamaya kosha está muy activo durante los sueños. A pesar de que no somos conscientes de su actividad la mayor parte del tiempo, podemos fortalecerlo mediante la práctica de técnicas de sueños lúcidos. Este kosha nos puede proporcionar mucha penetración si registramos nuestros sueños en un diario nada más despertar. Está asociado con el chakra Ajna (véanse páginas 64-69), donde radica la intuición.

El aura de los koshas de la mente es delicada y posee un rápido movimiento de partículas, como una luz viva e iridiscente. Todas estas envolturas, juntas, se asemejan a una seda tornasolada, con destellos de colores que varían del violeta o azul (en la parte superior del aura) de los pensamientos acerca de lo que ambicionamos, a un delgado anillo azul de los pensamientos de devoción a la altura del cuello, una banda de carmesí a rosa o verde de los pensamientos afectuosos en el corazón, amarillo dorado de los pensamientos filosóficos a la altura del abdomen, y así sucesivamente. Normalmente suelen enlazar con el espectro de los chakras que ascienden por el cuerpo y reflejan la calidad de la energía que contiene cada uno de ellos.

5. Anandamaya kosha/Karana sarira
Cuerpo causal

La envoltura más exterior de felicidad o dicha, extremadamente enrarecida y delgada, recibe energía cósmica del campo universal que rodea todas las cosas. Si miras fijamente a un árbol contra el cielo azul, pronto verás un aura fundamentalmente verde brillando a su alrededor. Y si sigues observando un poco más, podrías ver volutas de energía que entran en esta aura. Una hoja cortada muestra una rotura en su aura y una entrada inmediata de energía de este campo universal para sanarla. El Anandamaya kosha es nuestro receptor de esta energía sanadora universal.

El cuerpo causal está relacionado con el chakra corona, Sahasrara (véanse páginas 70-75). En una persona evolucionada espiritualmente, es de color azul claro con tintes violetas —el color de Sahasrara— y muestra el estado de falta de dualidad o dicha. Guardada dentro de esta envoltura se encuentra la causa de nuestra presente reencarnación (de ahí su nombre) y la información completa de todas nuestras vidas pasadas. Para algunos de nosotros, esto nos es revelado cuando morimos; para los iluminados, es algo ya conocido. En la mayoría de las personas, el cuerpo causal no está totalmente desarrollado. Se decía que el de Buda se extendía casi cinco kilómetros.

Diferentes estratos del aura humana
Los estratos del aura varían de tamaño, dependiendo del desarrollo de la persona. Su densidad disminuye cuanto más alejados se encuentren del cuerpo.

5. Cuerpo causal

3-4. Cuerpo mental

2. Cuerpo astral

1. Cuerpo físico

los nadis

Vamos a echar un vistazo más detallado al sistema de energía sutil. Si bien tenemos siete chakras principales alineados a lo largo de la columna vertebral, lo cierto es que también contamos con muchos miles de chakras menores por todo nuestro cuerpo. Estos chakras menores son como estanques en los que la energía se arremolina en los miles de senderos por los que el prana fluye. Se dice que el número de nadis, o meridianos, asciende a unos 72.000. Uno de ellos, el Sushumna, transporta la energía de un chakra a otro, como os describo más abajo. La traducción de la palabra china que denomina a los *meridianos* es «urdimbre», como la urdimbre y la trama de la tela, lo que describe el modo en que estamos entretejidos en energía o luz. Todos ellos forman parte del segundo estrato, o envoltura, del aura, que también penetra en el cuerpo (véase «Pranayama kosha», página 14).

Las principales corrientes de energía

Al igual que las dos serpientes gemelas del caduceo, la legendaria vara de heraldo del dios griego Hermes, las corrientes de energía de Ida y Pingala se enroscan alrededor del Sushumna como si ésta fuera una vara. El Sushumna sigue la línea de la columna vertebral, conectando todos los chakras principales y permitiendo que se comuniquen entre sí.

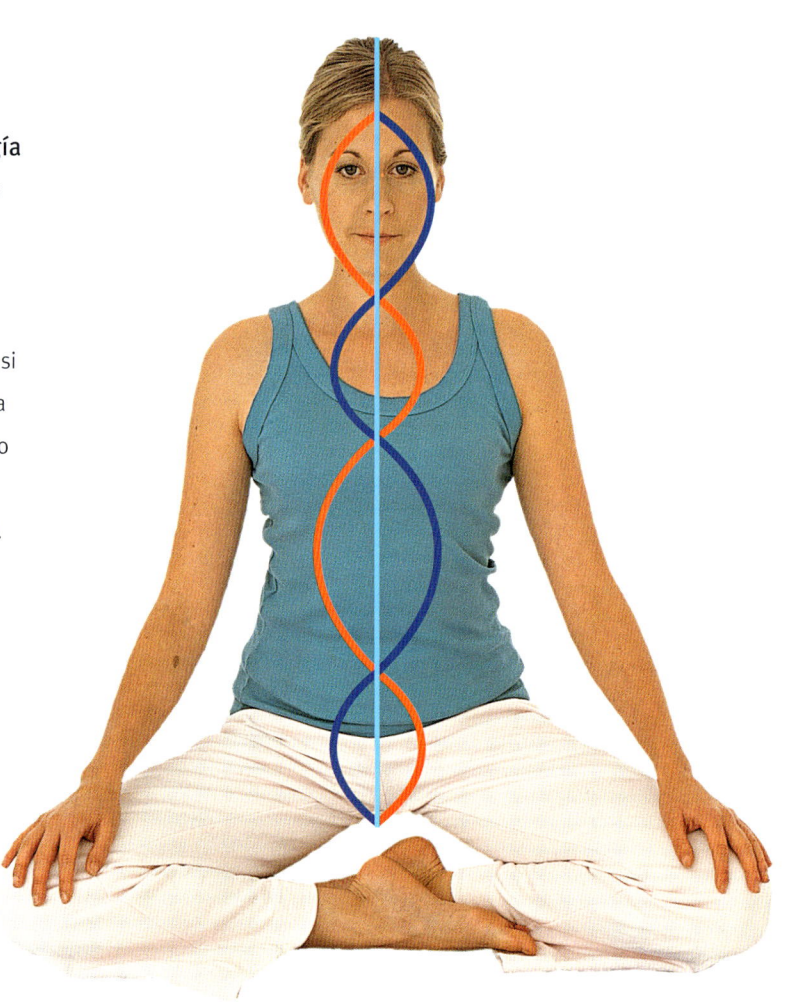

Las posturas de yoga, los cánticos, las meditaciones, el pranayama, la comida que ingerimos, el aire que respiramos y la compañía que tenemos afectan al prana de los nadis y nos ayudan a equilibrar y aumentar su flujo. La función de los nadis es la de absorber prana, eliminar toxinas o desechos y activar el Kundalini (véase página 18). Cada meridiano refleja la salud, tanto emocional como física, de nuestros órganos. Éstos, a su vez, influyen en los chakras y, en último término, en nuestra aura. Si tenemos roto el corazón, su meridiano puede enviar señales de que existe un problema a lo largo de su sendero, con dolor en el brazo. También puede decolorar el aura que irradia desde el chakra corazón, cerrarlo, bloquearlo o reducir su velocidad de giro.

No podemos diseccionar un nadi y colocarlo sobre un plato, como tampoco podemos diseccionar una corriente eléctrica. Para la mayoría de la gente son invisibles, pero los videntes sí han podido observarlos y fueron representados en ilustraciones por todo el Lejano Oriente. Yo he visto un meridiano brillando de luz (véase página 7) y estoy convencida de que así fue como los antiguos hicieron el mapa de los meridianos.

Los nadis más importantes, conectados con el sistema de chakras, son las tres corrientes principales —Sushumna, Ida y Pingala— que se enroscan alrededor de los chakras y entre ellas para dividirse en el chakra tercer ojo.

Sushumna

Ésta es la corriente de energía principal. Sube por la columna vertebral desde el chakra raíz, o Muladhara, empezando en el perineo en los hombres y en el cérvix en las mujeres, y terminando en la corona de la cabeza, en la región de la fontanela. Recibe yang, o energía de Shiva, desde los cielos y busca unirse con el yin, o energía de Shakti, de la tierra.

Ida

Es la corriente de energía del lado izquierdo. Comienza a la izquierda del perineo y termina en el agujero izquierdo de la nariz. A veces recibe el nombre de Ganga, por las propiedades de mantenimiento de la vida y de purificación del río Ganges. Puede obtenerse un gran beneficio de la respiración por el agujero izquierdo de la nariz para todas las actividades tranquilas y que requieran concentración, como escribir, y para otros propósitos que aporten estabilidad a la vida. Respirar deliberadamente por el agujero izquierdo durante el día ayuda a equilibrar la naturaleza yang. La energía Ida predomina fundamentalmente durante el periodo entre la luna nueva y la llena. Es entonces cuando la Luna crece como un vientre durante la gestación, un buen momento para construir las bases de proyectos que ya han empezado.

Asociaciones

- Energía femenina (yin).
- Tendencias sattvic (tranquilas).
- Lado izquierdo.
- Ojo izquierdo.
- Respiración por el agujero izquierdo de la nariz.
- Corriente lunar.
- Alimentación.
- Purificación mediante el agua.
- Shakti.

Pingala

La corriente de energía del lado derecho, que comienza a la derecha del perineo y termina en el agujero derecho de la nariz, se conoce como Pingala. Es por naturaleza rajásica (energética o activa) y hace que el cuerpo sea más dinámico y eficiente. Es también más racional. Respirar por el agujero derecho de la nariz nos ayuda a realizar tareas más dinámicas y activas. Si por la noche dormimos sobre el lado izquierdo (lo que abre el agujero derecho de la nariz), evitamos quemar energía en sueños, con lo que aumentamos nuestra vitalidad y longevidad. Se dice que «la noche es el día de los yoguis»; en otras palabras, un momento muy potente para emplear energías como éstas. La energía Pingala está más activa en el periodo que va de la luna llena a la luna nueva y puede ayudarnos a iniciar nuevos proyectos.

Asociaciones

- Energía masculina (yang).
- Tendencias rajásicas (energéticas).
- Lado derecho.
- Ojo derecho.
- Respiración por el agujero derecho de la nariz.
- Corriente solar.
- Actividad.
- Purificación mediante el fuego.
- Shiva.

kundalini

*El poder divino,
Kundalini brilla
como el tallo de un joven loto;
como una serpiente, enroscada alrededor de sí misma,
se coge la cola con la boca
y yace descansando, medio dormida
en la base del cuerpo.*
Yoga Kundalini Upanishad (1.82)

Kundalini es el nombre de la poderosa energía trascendental que duerme, como una serpiente enroscada en la base de la pelvis, dispuesta a ascender por el Sushumna y activar los siete chakras principales. Si en alguno de ellos existe un bloqueo, Kundalini no puede subir del todo y la energía yin de la tierra no se une con la energía yang del campo universal. Esta unión es lo que aporta la iluminación.

Existen informes de diferentes personas sobre experiencias de la subida de Kundalini. Puede ser una fuerte sacudida repentina o algo mucho más sutil. Si el elemento tierra es el predominante, puede experimentarse como una sensación que trepa por el Sushumna, como si fuera una hormiga. Si predomina el agua, se percibe una sensación como si se tratara de una rana saltando o una palpitación. Si la energía que asciende por el Sushumna parece quemar, como si fuera una especie de río de fuego, eso indica que el elemento fuego, Agni, predomina. Cuando el dominante es el elemento aire, la sensación puede parecerse más al aleteo de un pájaro o a una ligereza en la región del corazón.

Cuando se despiertan muchos chakras a la vez y el elemento de Akasha, o éter, predomina, la sensación puede suponer una experiencia mucho más traumática. La energía asciende impetuosamente por el Sushumna hasta la corona en un único movimiento repentino, abriendo los chakras espontáneamente a su paso, como si el Kundalini adormecido hubiese recibido un golpe con un palo. A pesar de que los ejercicios que contiene este libro pueden hacer ascender a Kundalini, es conveniente dejar de lado ese pensamiento, porque si hay algo que puede bloquear su paso eso es, sin duda alguna, la expectación. Es preferible prestar atención a las cosas básicas con humildad y permitir que lo que tenga que suceder, suceda. La fuerza está latente dentro de

Kundalini *significa «enroscarse»; la energía y la consciencia se enroscan y entrelazan como si se tratase de una serpiente.*

todos nosotros y puede estimularse mediante un trabajo paciente sobre los chakras y viviendo de forma ética (véase «El sendero óctuple», página 21). La energía Kundalini puede intentar subir y volverse atrás muchas veces antes de poder completar el recorrido hasta el chakra corona. La posibilidad de que esto ocurra depende de lo equilibrados y abiertos que estén nuestros chakras y de si somos, o no, suficientemente fuertes y estamos preparados emocionalmente para todo lo que lleva consigo la iluminación.

los bandhas

En ocasiones, podemos concentrar la energía en una zona concreta del Sushumna, la corriente de energía principal que asciende por la columna vertebral, o en un chakra en particular, mediante la aplicación de lo que se conoce como «bandhas», o cierres de energía. Estos bandhas se añaden a menudo a las posturas de yoga, llamadas asanas, y estimulan el ascenso de Kundalini. Uno de estos asanas, maha mudra, aplica los tres cierres con un efecto poderoso (véase página 129).

Mula bandha
Cierre anal
Consiste en una contracción de los músculos del perineo, alrededor del ano. Su efecto es hacer ascender energía del chakra base, invirtiendo su flujo y concentrándola en el Sushumna (véase «Muladhara», páginas 98-100).

Uddiyana bandha
Cierre abdominal
Extrae energía mediante una fuerte contracción del abdomen (véase «Manipura», páginas 106-109).

Jalandhara bandha
Cierre de la barbilla
Se realiza empujando la barbilla hacia abajo contra el hueco existente entre el pecho y el cuello, estirando el cuello y contrayendo la garganta (véase ilustración, derecha). Con ello se paraliza el flujo descendente del sutil néctar o fluido, conocido como soma, desde la cavidad existente entre los dos hemisferios del cerebro. Se dice que revitaliza todo el organismo y favorece la longevidad.

los granthis

Existen tres obstáculos importantes, o vallas psíquicas, que debemos cruzar para hacer ascender energía por el Sushumna. En terminología tántrica se conocen como los granthis, o nudos. Surgen a diversos niveles de los chakras y bloquean la ascensión de la energía por el Sushumna hasta que se ha completado el trabajo necesario en ese chakra.

Brahma granthi

Habitualmente suele localizarse en la postura del chakra base, o Muladhara, aunque en ocasiones el brahma granthi se sitúa en el ombligo. Este granthi es el responsable de mantenernos unidos a los objetos y sensaciones terrenales, y se relaciona con el cuerpo físico. Cuando se desata este nudo, podemos dominar la mente (véase también página 140).

Vishnu granthi

Está situado en el chakra Anahata, en la región del corazón. Al desatar el vishnu granthi nos liberamos del vínculo mundano con la compasión y la devoción, y nos unimos con la fe cósmica. Está relacionado con el cuerpo astral y el mundo de las emociones (véanse páginas 14-15).

Rudra granthi

Se localiza en el chakra tercer ojo, Ajna. Este nudo nos lleva más allá de los cinco elementos para hacernos *tattvatita* —es decir, liberados de la consciencia sujeta al tiempo— y nos hace libres del tiempo y el espacio, capaces de aparecer en cualquier lugar en cualquier momento y con extraordinarios poderes. El rudra granthi está relacionado con el cuerpo causal, las visiones, los pensamientos y las intuiciones. Existe el peligro de perderse en el mundo de los poderes milagrosos (*siddis*) y las intuiciones y, de esta forma, bloquear cualquier progreso posterior.

el sendero óctuple de patanjali

El progreso en la práctica del yoga y el aprendizaje de cómo equilibrar la energía de los chakras dependen de que sigamos el antiguo sendero óctuple, como los escalones lógicos de una escalera, establecido por el maestro de yoga Patanjali en su libro *Hatha Yoga Pradipika*. Estos pasos se conocen como «los ocho miembros del yoga». Su intención es dar forma a la actitud de la persona para que ésta pueda crecer y desarrollarse. Cuando se dominan los primeros pasos, el progreso es mucho más fácil.

Yamas
Comportarse con moderación, no siendo violento y sí veraz, honesto y amable; comer moderadamente, ser sincero, actuar con indulgencia, entereza y ser sexualmente contenido. En otras palabras, pureza de pensamiento, palabra y hechos.

Niyamas
Tener una actitud espiritual, caritativa y devota, que incluya aspectos como la modestia, la oración, el discernimiento, el culto y la austeridad.

Asanas
Practicar las posturas de yoga regularmente, con el propósito de llegar a ser capaces de mantener cómodamente una postura de meditación mientras permanecemos quietos durante largo tiempo. Cuando la postura es firme, la mente también lo es.

Pranayama
Desarrollo del control del prana, o respiración, con las posturas, como una práctica independiente.

Pratyahara
Aprender a controlar los sentidos para que no nos perturben y preparar la mente para practicar la visualización y la concentración.

Dharana
Concentración; aprender a fijar la mente en un solo punto.

Dhyana
Practicar la meditación con regularidad para que cese el diálogo interior y uno se vuelva tranquilo y no se vea perturbado por pensamientos que le interrumpan.

Samadhi
El objetivo final: la felicidad suprema, la consciencia trascendente. Vernos liberados de la dualidad.

Los primeros pasos
El *Hatha Yoga Pradipika* ha sido presentado con respeto por el sendero de Patanjali. Lo más probable es que, si lo has elegido y has mostrado interés por él, sea porque ya has dado los dos primeros pasos. Puede que ya practiques las posturas y desees dar más profundidad a tu práctica, o bien que seas completamente novato en lo que respecta al yoga. De cualquier modo, espero que disfrutes del recorrido tanto como yo sigo haciéndolo.

2 | los chakras principales

La palabra *chakra* procede de un término sánscrito que puede traducirse como «rueda», lo que supone una referencia a los siete vórtices principales de energía que giran como ruedas y se encuentran alineados con la columna vertebral por la parte central del cuerpo. Los siete chakras principales son el lugar desde el cual las concentraciones fundamentales de chi, o prana, emanan del núcleo central de nuestro cuerpo y se proyectan hacia fuera. Los chakras se pueden asemejar a una serie de puertas con llave hacia nuestro desarrollo a lo largo de la vida. Son claramente visibles para algunos videntes, aunque su conocimiento solía ocultarse a las personas legas, en parte porque no es demasiado fácil expresar en palabras las sutilezas del sistema y, en parte, por respeto hacia su poder. Sólo pueden entenderse los chakras de forma experimental.

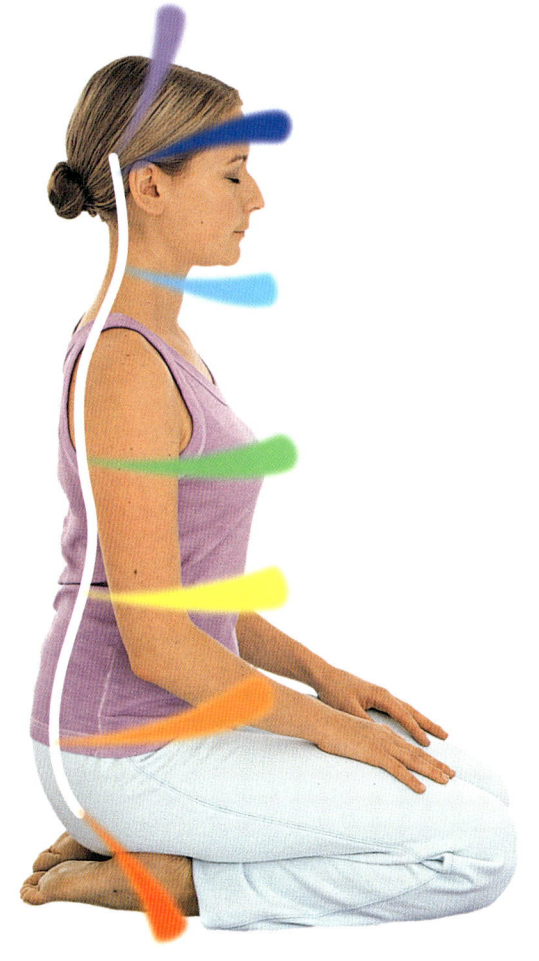

Cómo irradian los chakras

La luz sale en espirales de cada chakra formando un vórtex. Vistos desde delante, parecen discos de luz de distintos colores que giran; lateralmente, sin embargo, irradian como una chimenea de luz en espiral (como un pequeño tornado). Como puedes ver, proceden del interior del cuerpo, están alineados con la columna vertebral y se conectan entre sí mediante un canal central, el Sushumna. El chakra base, Muladhara, irradia hacia abajo y nos conecta con la tierra, su elemento. Los siguientes cinco chakras irradian hacia delante y el Sahasrara, el chakra corona, irradia hacia arriba, hacia los cielos.

Localización de los chakras principales

Chakra corona:
sobre la corona de la cabeza y ligeramente por encima de ésta

Chakra entrecejo o tercer ojo:
entre las cejas

Chakra garganta:
en el centro de la garganta

Chakra corazón:
en el centro del pecho

Chakra plexo solar:
dos dedos por encima y por debajo del ombligo

Chakra sacro:
sobre los genitales y ligeramente por encima de éstos

Chakra raíz o base:
en la base de la columna vertebral

1.º RAÍZ

muladhara puerta de la tierra

MULA = RAÍZ; *ADHARA* = SOPORTE

Localización
Perineo

Propósito
Seguridad, autoconservación

Color
Rojo

Elemento
Tierra

Símbolo
Un cuadrado amarillo con cuatro pétalos rojos

Edad
Del nacimiento a los 7 u 8 años

Mantra
Lam

Vocal
Mezcla de «a» y «o»

Energía equilibrada
Seguro
Terrenal
Sintonizado con la naturaleza
Generoso
Seguro de sí mismo
Vital
Físico
Decidido
Sensual
Activo

Energía desequilibrada o bloqueada
Inseguro
Miedoso
Desconfiado
Desconectado de la naturaleza
Caprichoso
Explotador
Materialista
Rígido
Letárgico
Posesivo

Localización

Se suele decir que se encuentra «en el perineo» o en la punta del coxis. La localización más precisa del chakra Muladhara es en el centro del perineo en los hombres, entre el ano y los testículos, y en la punta del cérvix en las mujeres. El chakra Muladhara suele proyectar energía y luz roja hacia abajo, en dirección a la tierra. Las prácticas de Kundalini (véase página 18) buscan invertir esta dirección, subiendo energía a través de los otros chakras hasta el de la corona, Sahasrara. Esto es también la raíz de la energía Ida y Pingala (véanse páginas 16-17), las fuerzas yin y yang que giran en espiral alrededor de los chakras y el Sushumna central.

Propósito

El propósito de Muladhara es la seguridad y la autoconservación. Nuestro viaje por los chakras comienza aquí, en el lugar en que este chakra nos ancla de manera segura a la tierra, como las raíces de un árbol. Toda postura sedente activa el chakra Muladhara. En esos días en los que sientes que el mundo «te hace tambalear», ya sea en una reunión o en la sala de espera del dentista, centrarte en la conexión entre tus posaderas y la silla puede aportarte el apoyo del chakra Muladhara.

Las necesidades básicas de un recién nacido son las de refugio, comida y bebida. Muladhara se beneficia al recibir esos requerimientos primarios. Además de esto, el niño necesita también unos brazos amantes y un cuidado tierno para crecer y desarrollarse. Un estudio realizado con chimpancés, que tenían todas sus necesidades cubiertas excepto esta última de amor y ternura, comprobó cómo empeoraban y caían en una severa depresión.

Cuando somos adultos necesitamos energía equilibrada en Muladhara, que gobierna la autoconservación y la respuesta de «lucha-huida» para sobrevivir. Un ciervo que pasta en el monte está constantemente al acecho del peligro. Necesitamos encontrar el equilibrio entre el tipo de miedo constante que nos domina hasta el punto de caer en la paranoia, y la precaución saludable. Muladhara nos permite elevarnos por encima del dominio del miedo y experimentarlo de forma apropiada, para llevar a cabo un cambio interior y trascender los miedos primitivos.

El chakra Muladhara también nos conecta con nuestra energía tribal y con el inconsciente colectivo. Todos tenemos una tribu: le llamamos «familia». Desde muy pequeños aprendemos sus leyes, esas que afirman que «la vida te da lo que tú le metes» o «haz a los demás lo que desees para ti mismo». Una energía equilibrada en Muladhara nos ayuda a discriminar entre los códigos destructivos y aquellos que nos pueden ayudar. Creer que «nuestra familia no es culta» o que «las niñas deben ser vistas pero no oídas» no te va a ayudar en absoluto. Los códigos familiares mamados con la leche de nuestras madres pueden llevar el peso de muchas generaciones, pero también sus errores.

La energía de Muladhara tiene un componente kármico. El proyecto original con el que vinimos al mundo se une aquí con la energía. Esto se

relaciona con nuestra forma material, el cuerpo físico. Heredamos características físicas: una nariz grande o unos pies pequeños, por ejemplo, junto con actitudes mentales. Se podría decir que cada vida nos da la oportunidad de poner a prueba las actitudes que se han mantenido durante mucho tiempo, que pueden haber elegido a nuestros padres para establecer el escenario de ese cambio. La energía transformadora de los chakras nos proporciona capacidad de elección, la oportunidad para una consciencia más evolucionada.

Si bien es cierto que la energía de Muladhara vibra en el nivel inferior y más denso, no deberíamos nunca subestimar su importancia como fuerza de enraizamiento y estabilización. Es especialmente importante recordar esto cuando nos embarcamos en un proyecto de hacer subir la energía a través de los chakras. Algunos líderes espirituales muy conocidos han caído víctimas de un abandono de los chakras inferiores que les ha hecho perder la capacidad de discernimiento. Necesitamos mantener un firme enraizamiento en Muladhara desde el principio y a lo largo de toda nuestra práctica.

Aquí se localiza el brahma granthi (véase página 20), el llamado «nudo de Brahma». Es como si nos fuera dada una llave alquímica dorada a la puerta de cada chakra que nos permite continuar, pero un granthi que continúe atado mantiene el pestillo en la puerta, bloqueando así nuestra ruta ascendente. Hasta que no se desata, no podemos conseguir centrar la mente en un solo punto y meditar con efectividad; nuestras mentes están inquietas, incontroladas, son inconsistentes y nosotros somos egoístas y ambiciosos. Seguir el sendero óctuple de Patanjali (véase página 21) nos ayuda a desatar este nudo, el dominio del ego, y al hacerlo podemos disolver los espejismos de esta primera etapa de nuestro viaje.

Muladhara es donde reside Kundalini, la energía Shakti, que yace enroscada aquí como una serpiente dormida (véase página 18).

Color

Muladhara reluce con un claro brillo rojo, como el núcleo de fuego del planeta (su color nos recuerda que su elemento asociado es la tierra). En cierta ocasión traté a una paciente que a menudo acudía con un abrigo rojo, y solía decir: «Cuando me lo pongo, me siento capacitada para enfrentarme al mundo». Intuitivamente elegía el color que la hacía sentir segura. Siempre que sientas que lo necesitas, ponte ropa roja; mejor aún, ponte ropa interior roja. Enciende una vela roja o siéntate bajo la luz de una bombilla roja.

Elemento

El elemento asociado a este chakra es la tierra. La base del símbolo de Muladhara es un cuadrado amarillo que representa a la Tierra que nos da sustento. La estabilidad de nuestras casas depende de unos cimientos estables y a nosotros nos ocurre lo mismo. Cuando la energía de Muladhara está equilibrada, nos sentimos seguros y apoyados, y somos respetuosos con la Tierra. Estamos lo suficientemente seguros como para alegrarnos de los cambios, sentimos que la Madre Tierra nos apoyará y confiamos en que la próxima comida llegará. (Hay toda una generación de personas a las que se alimentó cada cuatro horas exactas, a las que se dejó llorar si la manecilla del reloj no estaba en el dos, en el seis o en el diez, y que ahora tienen problemas con la comida.)

El arte del feng sui concede una gran importancia al hecho de sentirnos seguros en casa. Arreglar cualquier objeto de la casa que esté roto, como un cristal rajado, un grifo que gotea o algo parecido, evitará que se extraiga la energía de Muladhara.

Sentido

Este chakra gobierna nuestra capacidad de oler. En nuestra sociedad moderna, éste es un sentido muy devaluado aunque fuera, en su día, crucial para nuestra supervivencia. Antes de

El símbolo de Muladhara

El cuadrado amarillo (yantra o símbolo) representa a la diosa Priviti (su nombre significa «la ancha tierra»). Del cuadrado salen flechas que apuntan en las cuatro direcciones, representando las posibilidades que ofrece la vida y las distintas elecciones que tenemos según la dirección que tomemos en ella. Estas flechas se adentran en cuatro pétalos rojos, cada uno de los cuales contiene un símbolo sánscrito.

A continuación encontramos un elefante blanco, Airavata. El chakra Muladhara está también conectado con un buey o un toro. Este chakra nos recuerda nuestra naturaleza animal e instintiva. El elefante es fuerte e inteligente, pero también puede ser salvaje y destructivo; exactamente igual que nuestras mentes. Airavata lleva un ronzal alrededor del cuello y tiene siete colmillos, que representan los minerales necesarios para la vida física. (Los astrofísicos se excitaron cuando descubrieron en Titán, la luna de Saturno, los mismos minerales que están presentes en nuestro planeta Tierra, lo que indica la posibilidad de que exista vida también en ese mundo.)

Una flecha, o trikona, apunta hacia abajo en la dirección de Airavata, representando la energía Shakti, el aspecto femenino de la creación. En ella hay un lingam, o falo, representando a la energía masculina de Shiva. Enroscada tres veces y media alrededor del lingam vemos una serpiente, que representa la fuerza Kundalini; tiene la cola dentro de la boca y está dormida, pero posee el potencial de dispararse por la columna vertebral cuando se la despierte.

Coronando el lingam vemos una pequeña media luna, un citkala, que simboliza la fuente divina de toda energía. En la parte superior del cuadrado están las deidades Brahma y Dakini (véase ilustración, derecha).

En conjunto, el símbolo nos recuerda el poder de la creación, las fuerzas cósmicas del yin y el yang, lo masculino y lo femenino, que pueden ser despertadas mediante la práctica espiritual y empleadas para la trascendencia.

Deidades: Brahma y Dakini

Es tradicional que cada chakra tenga su representación de una pareja divina en su símbolo. Aquí tenemos las representaciones de Brahma niño y su consorte, Dakini. Nos enseñan las posibilidades presentes en la energía Muladhara y podemos utilizar sus imágenes para verlas.

En esta imagen, Brahma aparece con la forma de un niño, indicando la relativa inmadurez de la consciencia en este nivel. El objeto que tiene en las manos representa las lecciones que deben ser aprendidas en Muladhara.

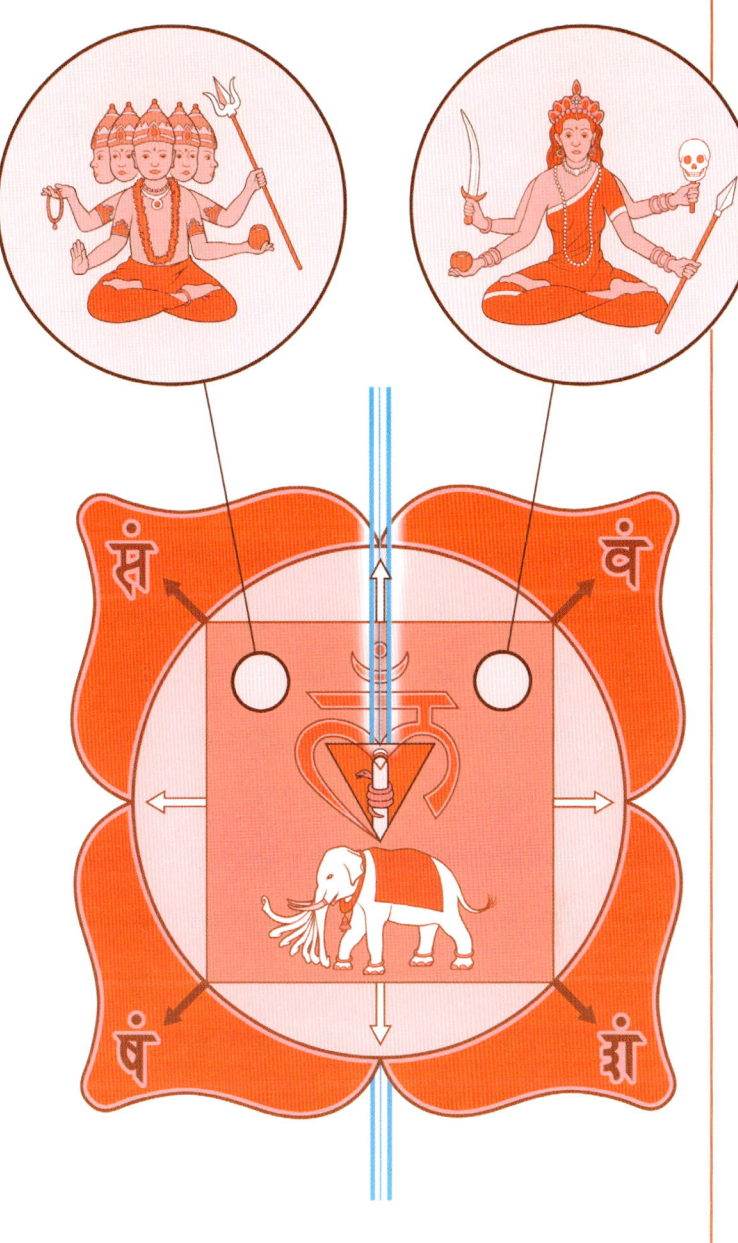

La danda, o bastón, representa la columna vertebral, a través de la cual puede ascender la energía Kundalini por todo el cuerpo.

La copa de calabaza representa la posibilidad de aplacar la sed espiritual.

El rosario consta de ciento ocho cuentas y representa los muchos nombres de Shakti, su aspecto femenino divino.

Está haciendo un gesto, levantando la mano con la palma hacia fuera, para disipar el miedo.

Dakini lleva una lanza, relacionada con la habilidad para dirigir nuestra energía hacia objetivos concretos.

La espada que porta está relacionada con el poder de discriminación. La sujeta con la palma hacia fuera para disipar el miedo.

El bastón con la calavera en la parte superior está relacionado con el estado de una mente vacía.

La copa contiene el agua de la vida, de la que espera beber el aspirante.

que existieran fechas de caducidad, empleábamos nuestra nariz para saber si podíamos comer un producto. El olfato nos mantenía limpios al hacernos evitar nuestros propios desechos. También nos conducía a nuestra presa. El olfato nos protege del fuego, nos avisa de que un puchero se ha quedado sin caldo y nos lleva hacia el agua.

Este sentido se ve constantemente retado por nuestra patológicamente desodorizada y sobreperfumada sociedad. El olfato puede proporcionarnos una información muy fiable de las demás personas, una habilidad que está prácticamente perdida en la actualidad. Los médicos chinos, en los últimos cinco mil años, han usado los olores para diagnosticar. Indican qué elemento está desequilibrado, el nivel de la enfermedad de un paciente, qué emoción predomina y cuál puede causar problemas, tanto físicos como psicológicos. Cuando el elemento tierra está desequilibrado, los pacientes tienen un fuerte olor, lo que me hace observar sus meridianos del estómago y el bazo y preguntarles cómo nacieron.

Puedes reprimir este sentido y activar el chakra Muladhara al mismo tiempo. Por ejemplo: nunca pases junto a un rosal sin aspirar hondo; huele la comida antes de tomarla para ver si se te hace la boca agua; quema incienso o usa aceites aromáticos en un quemador; huele las patas de tu perro o de tu gato cuando hayan estado corriendo por la hierba mojada.

Edad

La época en la que este chakra tiene más fuerza es entre el nacimiento y los siete u ocho años de edad. Cuando somos pequeños, lo único que nos importa es que nuestras necesidades inmediatas, tanto físicas como emocionales, estén cubiertas. En la mayoría de los casos, un bebé silencioso no se desarrollará. De hecho, un bebé pasivo y silencioso nos alerta de la presencia de una enfermedad. Lloramos para que nos alimenten, para que nos cambien los pañales y, a veces, lloramos simplemente para que nos tomen en brazos. En ello no hay ninguna treta ni manipulación. Tenemos una necesidad y, sencillamente, pedimos que se nos cubra, y lo hacemos de la forma más directa, de una forma que nuestros cuidadores no pueden pasar por alto.

Los niños pequeños no llevan bien los cambios. Se desarrollan mejor con la rutina. Sin embargo, durante estos primeros años es cuando empiezan a enfrentarse con el cambio

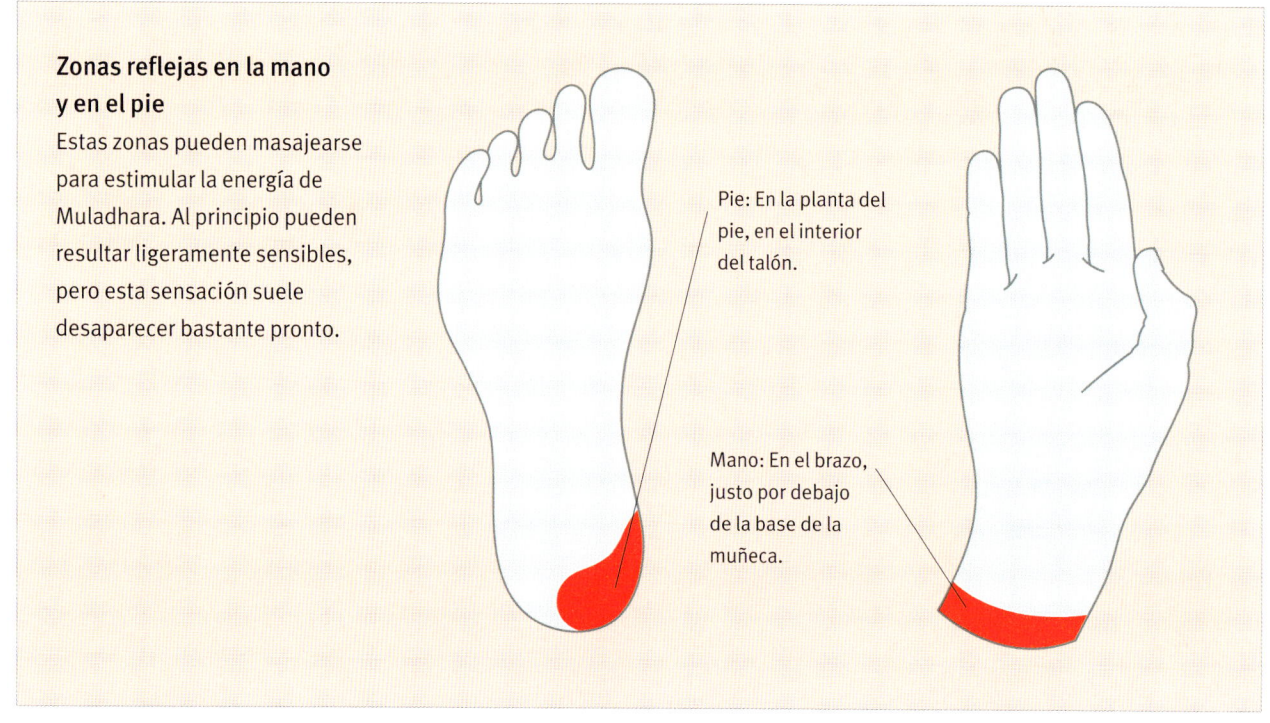

Zonas reflejas en la mano y en el pie
Estas zonas pueden masajearse para estimular la energía de Muladhara. Al principio pueden resultar ligeramente sensibles, pero esta sensación suele desaparecer bastante pronto.

Pie: En la planta del pie, en el interior del talón.

Mano: En el brazo, justo por debajo de la base de la muñeca.

y con las señales que pueden estropear sus sentimientos de seguridad: el nacimiento de un hermano, los accidentes, el aprendizaje a usar el orinal, a alimentarse por ellos mismos, el comienzo del colegio. No hay nada que pueda compararse con lo que aprendemos en los primeros cuatro años de vida. Cuando aprendemos a hablar, también aprendemos a expresar nuestras necesidades sin llorar. La energía es muy elevada y el niño pequeño es extremadamente físico.

Conexiones físicas

El chakra Muladhara rige las piernas, los pies y todas las partes sólidas del cuerpo, incluyendo la columna vertebral, los huesos, los dientes y las uñas. También rige el ano, el recto, el colon y la próstata, la sangre y la regeneración de las células. Está, asimismo, relacionado con la parte más primitiva, reptiliana, del cerebro.

Las piernas tienen un papel muy importante en el desarrollo físico de un niño durante sus primeros siete años de vida, en los que aprende a llevar el peso del cuerpo, a andar y a correr. El niño pequeño aprende el control de la eliminación. En este periodo se forman las dos denticiones. Con el apoyo correcto para esta edad, una persona que crece sana, con las piernas rectas y las uñas brillantes, es capaz de eliminar sus desechos con regularidad, tiene una circulación saludable y un porte erguido que transmite la sensación de que está conectado con la tierra.

Si existe energía débil o bloqueada en Muladhara, puede haber problemas en cualquiera de los aspectos indicados. Las uñas pueden ser frágiles y pueden presentarse problemas en las caderas y las piernas, o en general en todos los huesos, así como en los dientes. La persona puede padecer estreñimiento, colitis ulcerosa, almorranas, cáncer de próstata, enfermedades de la sangre o circulatorias, obesidad y falta de vitalidad.

Glándulas

Las glándulas que gobiernan este chakra son las suprarrenales. Cuando nos asustamos, la adrenalina es la que da fuerza a nuestros músculos para que entren en acción, ya sea para huir o para luchar: la respuesta de «lucha-huida». El ciervo asustado defeca mientras se aleja del peligro dando saltos. También las personas suelen sentir una reacción en los intestinos cuando sienten miedo. Desgraciadamente, en este mundo actual tan sometido a las presiones, la respuesta de lucha-huida es provocada muchas más veces de lo que sería saludable y suele haber pocas oportunidades para utilizar la cantidad extra de adrenalina que, como resultado de ello, circula por la corriente sanguínea. Los fumadores, lejos de calmarse con un cigarrillo, inundan su sangre de adrenalina. El resultado de tanta adrenalina superflua es la hipertensión arterial y un estado nervioso.

El meridiano del riñón gobierna nuestra capacidad de expresar el miedo. Las glándulas suprarrenales, con su forma de media luna, están situadas justo encima de los riñones y se ven influidas por la energía de Muladhara y por un exceso de miedo.

Sonido

En Muladhara nos conectamos con nuestra energía más primitiva y, por tanto, la música que activa este chakra es la tribal y primitiva: tambores, ritmos repetitivos, tonos graves. Instrumentos como el timbal, el fagot y el contrabajo, los truenos, el fragor de un terremoto, la lava hirviente que corre por las faldas de un volcán crujiendo mientras se solidifica, el gruñido grave de un perro a punto de morder, el rugido de un león o el barritar de un elefante asustado, todos ellos llevan la energía directamente hacia Muladhara. (En cierta ocasión asistí a un concierto de tambores kodo japoneses. Hacían falta varios hombres para mover el mayor de ellos y una fuerza suprema para tocarlo. Cuando ese tambor sonó, pude sentir las vibraciones en el chakra base).

Vocal

Una mezcla de «a» y «o». Coloca los labios para decir «o» pero intenta pronunciar «a». Algunas personas creen que es un armónico de la frecuencia de la Tierra misma.

Mantra

El bija (semilla) mantra sagrado para activar Muladhara es *Lam* (pronunciado «lang»). Puede entonarse antes de la meditación y es especialmente efectivo cuando se hace en una postura sedente. También puedes repetir el mantra varias veces con una respiración mientras realizas las posturas apropiadas (véanse páginas 98-100).

Coloca los labios en forma de cuadrado, haz un cuadrado con la lengua contra el paladar blando y emite el sonido con voz suave y relajada sin forzar la garganta. Esto hará vibrar el paladar, el cerebro y la parte superior del cráneo, impidiendo así el movimiento hacia abajo de la energía en los nadis, forzándola hacia arriba en la parte «ang» del sonido.

Gemas

El ágata, el hematites, el heliotropo, el granate, el coral rojo, el rubí, el cuarzo ahumado y el ojo de tigre activan Muladhara. Si bien es cierto que se cree que todas estas piedras aportan energía a Muladhara, yo creo que uno no debe ser demasiado dogmático a la hora de elegir una que le vaya bien. Si ves o tomas cualquier otra gema que te aporta la sensación de enraizamiento, utiliza ésa sin dudarlo.

Coloca una piedra cerca del perineo cuando estés sentado o tumbado, toma una y la colocas una cerca de ti cuando estés en meditación.

Aceites de aromaterapia

El ciprés, la mirra, el pachulí, el almizcle, el cedro y la lavanda activan el chakra Muladhara. Vierte unas gotas en el agua del baño o emplea un quemador. Deja que tu intuición te ayude a elegir, entre los aceites indicados, aquellos que te hagan sentir enraizado.

Vierte unas cuantas gotas en un aceite base, como por ejemplo el de almendras, y aplícatelo en las piernas, los glúteos y la parte inferior del abdomen. Como el olfato está especialmente asociado con Muladhara, también puedes ponerte un poquito justo debajo de la nariz.

Los meridianos que controlan el miedo tienen menos energía durante la madrugada, entre las tres y las siete. Por esta razón, puede ser de ayuda poner por la noche unas gotas en la almohada o en un pañuelo y tenerlo cerca.

Alimentos

Los tubérculos y raíces, las especias, las cebollas, el ajo y el regaliz activan Muladhara. El regaliz es una planta un poco especial, pues necesita 1,8 metros de tierra para poder crecer. Se hunde profundamente en la tierra para absorber los nutrientes y ejerce un poderoso efecto sobre los intestinos. Se sabe que los tubérculos y las raíces tienen una cualidad tamásica y tienden a ralentizarte. Por esta razón, ten cuidado con la cantidad que ingieres si ya te sientes letárgico.

Energía equilibrada

Cuando la energía de Muladhara está equilibrada, nos sentimos seguros, amados, firmes sobre el suelo y cómodos en nuestras familias. Hay una profunda conexión con la Tierra y un aprecio por la naturaleza, así como sintonía con sus ciclos. Es fácil conseguir metas y existe confianza primordial: la creencia en el mundo como lugar seguro y de apoyo, una sensación de gratitud por los regalos de la Tierra y optimismo acerca de su generosidad; estamos cómodos con nuestros cuerpos físicos y disfrutamos del movimiento.

Energía desequilibrada o bloqueada

En un nivel físico, puede haber problemas intestinales, como estreñimiento, diarrea o síndrome del colon irritable (véanse «Conexiones físicas», páginas 28-29). Puede existir temblor, problemas en los pies o inseguridad en el contacto con el suelo. Algunas personas pueden sufrir fracturas de huesos o problemas óseos, como escoliosis o lordosis. La circulación sanguínea puede ser problemática, con síntomas como hipertensión arterial, hemorroides, síndrome de Raynaud y similares. También puede sentirse sensación de letargo.

En el lado emocional, el mundo se contempla como un lugar que asusta y se percibe al resto de la gente como dispuesta a hacernos daño. El suelo no da la sensación de que pueda ser capaz de sostenernos. La atención gira, fundamentalmente, en torno a las cosas que nos concedemos a nosotros mismos, como el dinero y las posesiones, y el miedo a perderlas. Puede resultar difícil ser generoso o recibir. Algunas personas que tienen esta energía desequilibrada o bloqueada se vuelven inestables, inconsistentes, nerviosas y poco de fiar. Puede darse también una obsesión por la suciedad y los gérmenes. Las emociones pueden oscilar entre la dulzura extrema y la crueldad más depravada, hasta el extremo de inferir daños a uno mismo o a los demás. La energía desequilibrada o bloqueada en este punto puede también manifestarse en comportamientos excesivamente arriesgados.

Sugerencias para equilibrar Muladhara

- Introduce las manos en la tierra, aunque sólo sea la de una maceta.
- Ponte ropa roja, en especial ropa interior.
- Toma una de las gemas asociadas o póntela sobre el cuerpo, cerca del chakra raíz.
- Repite el mantra *Lam*.
- Toca música tribal, aprende a tocar el tambor o da golpes en el suelo con los pies.
- Camina descalzo sobre la hierba o por la playa.
- Canta «a/o» (en clave de Do menor).
- Siéntate a contemplar el amanecer o la puesta de sol, consciente de que el extremo de tu columna vertebral está tocando el suelo.
- Abraza un árbol.
- Antes de cada comida, da gracias silenciosamente a la Madre Naturaleza por alimentarte.
- Utiliza tu sentido del olfato conscientemente para agudizarlo.
- Perfuma tu habitación o tus ropas con los aceites asociados.
- Quédate en casa; escóndete entre sus paredes.
- Prepárate comida nutritiva e integral, en especial vegetales de raíz.
- Arregla el tejado o cualquier objeto de tu casa que te haga sentir inseguro.
- Cuando sientas el instinto espontáneo de dar, síguelo.
- Pasa tiempo fuera de casa en un entorno natural.
- Elige una de las deidades y estudia la mitología asociada.
- Practica las posturas de yoga de las páginas 98-100.
- Practica pranayama con regularidad, como se muestra en las páginas 137-143.
- Prueba a realizar la visualización de la página 152.

2.º SACRO

svadisthana puerta de la luna

SVA = AQUELLO QUE ES ELLO MISMO; *DHISTHANA* = LA CASA DE UNO MISMO, HOGAR DE LA PERSONALIDAD O DULZURA

Localización
La región de los genitales

Propósito
Creatividad, sexualidad, placer

Color
Naranja

Elemento
Agua

Símbolo
Un loto de seis pétalos

Edad
De los 7 a los 14 años

Mantra
Vam

Energía equilibrada
Consciencia estética
Buena imagen corporal y de uno mismo
Ego equilibrado
Sensual
Creativo
Fértil
Imaginativo
Seguro de uno mismo
Independiente
Sensible
Optimista
Habilidades psíquicas

Energía desequilibrada o bloqueada
Desconfiado
Frígida o impotente
Abusador sexual
Hipersensible
Búsqueda del placer sensual
Necesitado de que le tranquilicen
Caprichoso
Manipulador
Tacaño
Sentimientos de ser poco digno
Miedoso

Localización

El chakra Svadisthana está situado en la región de los genitales. Para ser más exactos puede observarse, girando en sentido contrario a las agujas del reloj en los hombres y en el sentido de las agujas del reloj en las mujeres, en la parte inferior del abdomen, cerca de los genitales y de los ovarios y la matriz, aunque se origina más cerca del sacro o de la punta del coxis, desde donde también se proyecta hacia atrás. Es interesante señalar que la palabra *sacro* procede del latín y significa «hueso sagrado», porque es ahí donde se cree que reside el alma. La diferencia entre el lugar en el que se puede ver en el exterior del cuerpo y su lugar de origen produce, en ocasiones, confusión acerca de su localización. Como la fuente está tan cerca del chakra raíz, Muladhara, tienen algunas funciones similares. Svadisthana también está asociado con el chakra extra conocido como Tan Tien (pronunciado «dan dien»), situado unos cuatro dedos por debajo del ombligo.

Propósito

El propósito de este chakra es generar creatividad, sexualidad y placer. La traducción alternativa de *dhisthana* es «dulzura», lo que quizá aporte la mejor clave en lo referente a la energía de este chakra. Más que simple placer sexual, estoy hablando de la dulce felicidad de despertarse cada mañana optimista, seguro de sí mismo y lleno de entusiasmo por lo que ese día nos va a traer. Svadisthana tiene ese potencial.

Este fecundo chakra no es solamente responsable de la concepción, gestación y nacimiento de bebés; las ideas se forman de un modo similar. Existen oportunidades de ser creativo en cualquier momento y cuando Svadisthana está bien equilibrado, veremos cómo fructifican.

Este chakra tiene una conexión especial con el quinto chakra, Vishuddha, que también está relacionado con la creatividad. Sin embargo, en el nivel que estamos tratando, las vibraciones son más bajas y la creatividad más personal. Pero imagina el empuje que se le da a la creatividad cuando se conecta con lo transpersonal en el chakra garganta.

Svadisthana es el segundo de los tres chakras personales y proporciona un punto fijo desde el cual la creatividad puede florecer. En francés, la pelvis se denomina *bassin*, que quiere decir también «barreño» o «estanque». Es cierto que la pelvis es una especie de palangana o estanque. (El elemento de este chakra es el agua.) Pienso en Svadisthana acunando la sagrada energía de la creatividad, desbordándose de ideas y entusiasmos, por no mencionar la energía sexual. Es un lugar de juegos entre la energía de enraizamiento, apoyo y estructuración de Muladhara, y el chakra más sociable del poder personal, Manipura, en el plexo solar.

Muchas personas encuentran la respuesta a la pregunta de «¿quién soy yo?» cuando entran en contacto con su creatividad. Las escuelas nocturnas están llenas de adultos entusiastas que desean adentrar sus vidas en áreas nuevas y están

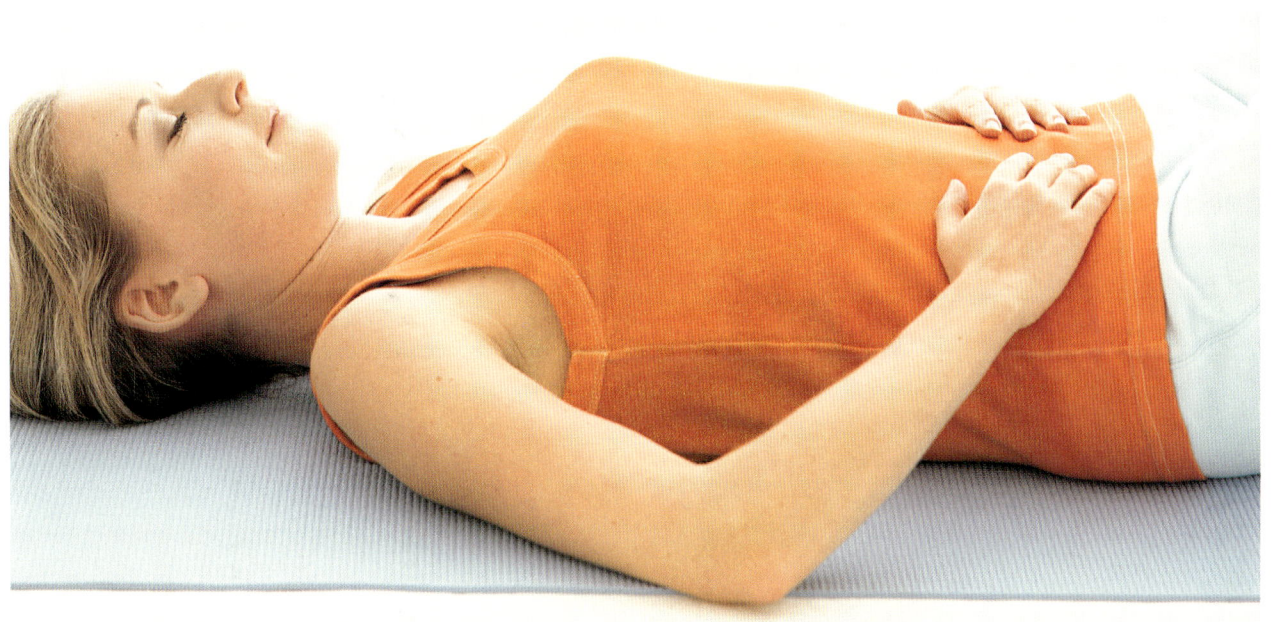

sorprendidos con los talentos que poseen y que, hasta ese momento, habían estado escondidos. Todos nosotros podemos beneficiarnos si dejamos que las elecciones vitales se hagan desde esta fuente de creatividad y sabiduría interior. De forma subconsciente, solemos saber cuáles son las elecciones correctas en lo que se refiere a nuestra felicidad. Pero a menudo la intuición suele ser un inconveniente; nos ordena que abandonemos el aburrido trabajo de la oficina y vayamos a ayudar a los huérfanos de algún país lejano, lo que supone un pensamiento que nos asusta. Pero no le hacemos caso a costa del equilibrio de la energía de Svadisthana.

La energía sexual es la fuerza motriz que está detrás de tantos logros de la humanidad. Es difícil saber por dónde empezar para describir su importancia como parte de nuestro sistema energético. El impulso sexual humano está presente todo el año, en todo momento. La unión sexual de un hombre y una mujer, cuando se realiza con amor y respeto, puede ser un acto realmente trascendente, con poder no sólo de unir a la pareja sino de hacer crecer su amor hacia el mundo, hacia todos los seres sensibles.

El verdadero amor sexual es generoso y capaz de aceptar, y presta siempre más atención a la belleza interior que a la forma exterior. Cuando nos contemplamos en unión simbólica con otra persona y como parte de la fuerza cósmica del multiverso, esto nos ayuda a arreglar las diferencias.

El acto físico del intercambio sexual une con fuerza los dos primeros chakras de la pareja y tiene el potencial de hacer subir la energía Kundalini a través de los otros chakras (véase página 18). Para la mayoría de las personas, el orgasmo es quizá lo más cercano a la dicha espiritual. En las prácticas de sexo tántrico, la energía sexual está controlada para desviar el poder del orgasmo a lo largo de los chakras hasta la corona, en lugar de descargarlo localmente en los genitales. Las estatuas tántricas de dioses y diosas haciendo el amor representan, en realidad, la unión de la sabiduría y la compasión. Hay un aura alrededor de una pareja que acaba de hacer el amor en su forma más pura; es algo muy sanador no sólo para los miembros de la pareja, sino para las personas que los rodean.

Svadisthana tiene un papel crucial en las relaciones, y las relaciones son nuestras maestras. Recuerda que cuando apuntas con el dedo a otra persona, tres de tus dedos están apuntando hacia atrás, hacia ti. Aunque resulte muy incómodo admitirlo, habitualmente las cosas que nos enfurecen sobre otra persona son aquellos aspectos de nosotros mismos que estamos guardando bien reprimidos. Atraemos a las personas hacia nosotros para aprender lecciones específicas: las relaciones ponen de manifiesto tanto nuestros puntos fuertes como nuestras debilidades, nuestras creencias más sólidas y el modo en que desearíamos ser.

Existe otra asociación en este chakra: el dinero. ¿Empleamos nuestras habilidades de forma creativa para mantenernos, o nos hemos prostituido para llevar pan a la mesa? ¿Llevamos puestas las esposas doradas de una hipoteca que estamos pagando a costa de reprimir nuestra creatividad? Svadisthana rige sobre el colon y, como describo en la sección «Conexiones físicas» de las páginas 36-37, existe un lazo claro entre las finanzas y el elemento del meridiano del intestino grueso: el metal. Valía personal se confunde a menudo con la acumulación de dinero.

Color

Svadisthana irradia un color naranja vibrante, casi dorado en ocasiones, y estimula el movimiento, favorece la danza y promueve la alegría, la liberación de luz y el placer. Las personas ciegas sienten el color. El naranja tiene vibraciones que resuenan en la misma octava que nuestras propias moléculas de ADN. La palabra *naranja* procede del árabe *nananj*, término que se refiere tanto a la fruta del naranjo como a la granada, cuyas semillas son de este color. La granada es un reconocido afrodisíaco y se cree que también aporta alegría y alivio de la depresión. No resulta sorprendente que los lamas y monjes que conocí en Nepal y Laos, que pasan sus vidas envueltos en hábitos color naranja, sean unas personas tan radiantes y alegres. Las personas que poseen energía vibrante en Svadisthana parecen aportar un elemento de creatividad a todo aquello que hacen: el verdadero toque de Midas.

Elemento

El elemento asociado con este chakra es el agua. Párate un momento y anota las palabras que asocies con ella. Probablemente, además de los nombres de sus diferentes formas como río, nieve, vapor, hielo, lluvia, lago, mar, etc., también hayas escrito palabras referentes a sus hábitos: fluir, bravas, chorreo o torrencial. Quizá tengas algunas palabras relacionadas con lo que puede hacer: fertilizar, apagar, crecer, limpiar. También puede haber algunas negativas: sequía, tsunami, estancada y contaminada. ¿Empiezas a ver la amplitud de la influencia del agua en tu vida? Nunca deberíamos subestimar el poder del agua. Al igual que la superficie del planeta, nuestros cuerpos están compuestos, en un setenta por ciento, por agua. Las mareas pueden medirse en los fluidos de nuestros cuerpos.

En la medicina tradicional china, los riñones y la vejiga están gobernados por el elemento agua, que a su vez gobierna el miedo. Tememos la pérdida de control, el control por parte de otros o la pérdida de la salud. A menudo existe un miedo primitivo de abandono (especialmente fuerte cuando nos adentramos en relaciones nuevas e íntimas). Los temas económicos pueden hacernos sentir temerosos, al igual que la traición. Pero al final tenemos que aceptar que lo que sucede está, en último término, fuera de nuestro control y que nuestras vidas son más efectivas cuando aprendemos a seguir la corriente, encomendándonos a un poder mayor. Necesitamos permitir el libre flujo de las emociones. La energía creativa nos saca de nuestros patrones de comportamiento habituales, de nuestros carriles; se lleva mal con la repetición. La próxima vez que vayas a una playa que conozcas, observa cómo el flujo de las mareas va cambiando el tamaño y la forma de los charcos entre las rocas y los bancos de arena. Necesitamos desarrollar la misma flexibilidad. Svadisthana puede ayudarnos a hacerlo.

Sentido

Este chakra gobierna nuestra habilidad para saborear las cosas. Si te pido que pienses en tu fruta favorita, madurada al sol, cortada en pedazos, goteando jugo, con su olor dulce, lo más probable es que se te haga la boca agua. Cuando el elemento agua se une con el sentido del gusto, se nos revelan muchos sabores. A menudo engullimos nuestra comida y no

El símbolo de Svadisthana

El loto de seis pétalos de Svadisthana tiene color bermellón en los textos antiguos y tiene inscritas letras sánscritas. El color del símbolo de este chakra indica la fuerte influencia que poseen los impulsos, las ideas y los deseos sobre la mente. Una relación sexual puede proporcionar todo un manantial de creatividad.

El yantra es una luna creciente. A menudo, el centro del símbolo está coloreado en gris claro o verde, como el mar. Dentro de la media luna encontramos una criatura mítica llamada makara —un cocodrilo con cola de pez—. (Jung llamó a esta criatura «Leviatán de las aguas», dando a entender una enorme criatura con aspecto de ballena.)

Deidades: Vishnú y Rakini

Es tradicional que cada chakra posea su representación de una pareja divina dentro de su símbolo.

Vishnú, el supremo u original dios del sol, puede adoptar muchas formas distintas. Tiene la piel de color azul oscuro y lleva una vanamala —una guirnalda de flores del bosque— alrededor del cuello. En una mano sostiene la concha de un caracol marino para recordarnos que debemos desarrollar nuestras habilidades para escuchar. En otra mano tiene un disco que indica la necesidad de concentración para poder dar al objetivo. La maza o garrote de guerra que sostiene en otra de sus manos nos advierte de la lucha que todos tenemos que afrontar para dominar nuestro ego. Finalmente, la flor de loto nos recuerda nuestro objetivo espiritual en la vida.

Rakini, la diosa de este chakra, es un aspecto de Sarasvati, esposa de Brahma, asociado con el discurso fluido. Lleva un tridente como el de Neptuno que, en esta ocasión, representa la unidad necesaria entre el cuerpo, la mente y el espíritu. Está batiendo un ritmo con un tambor y sostiene una flor de loto que nos recuerda que la victoria es posible para cualquier persona. El hacha de guerra que sostiene en otra de sus manos habla de la lucha del aspirante para vencer los atributos negativos. A menudo se la representa con semblante fiero y dientes prominentes para recordarnos los peligros de una imaginación que no dominamos.

nos preocupamos realmente de degustarla. A Svadisthana le beneficia que comamos de forma más consciente, saboreando cada bocado y masticándolo despacio. Svadisthana nos ayuda a saborear el dulzor de la vida, libres de culpas y con entusiasmo, y esto puede requerir que vayamos más despacio en general.

Edad

La época en la que Svadisthana está más fuerte es entre los siete y los catorce años. Los niños de esta edad ya han afrontado el primer rito de transición: el principio del colegio. Con ello, su mundo ya se ha abierto de forma significativa y están expuestos a la «ley del patio de recreo», por no mencionar todas las diversas éticas familiares de sus compañeros de clase. De toda esta mezcolanza de ideas e influencias empiezan a elaborar lo que es importante para ellos.

Svadisthana gobierna la moralidad, nuestro código de conducta personal, en oposición a Muladhara, que gobierna la ley de la tribu. Se le podría llamar el chakra de la ética, donde aprendemos a honrarnos unos a otros. El primer paso del sendero óctuple (véase página 21) es el llamado yamas: un compromiso contra la violencia y por la veracidad, la honestidad, el autodominio y el compartir; unas lecciones que aprendemos, en un mundo ideal, en el patio del colegio y de nuestros profesores, incluso si no las hemos aprendido en casa. También aprendemos a ser leales a nuestros amigos, y a estar callados y escuchar para otorgar espacio a otras personalidades notables. Cuando se dan las circunstancias adecuadas, los niños de esta edad suelen ser muy dulces, creativos, entusiastas y curiosos, y normalmente sienten una compasión natural por los demás.

Es durante esta edad cuando empieza a brotar la sexualidad, mucho antes de lo que la mayoría de los padres desean reconocer. En la actualidad, las niñas de Occidente tienen a menudo su primera menstruación a los nueve años. Los niños de esta edad necesitan ayuda para aprender a dominar los sentimientos sensibles. El programa escolar debería dar suficiente espacio a la creatividad para el desarrollo, un espacio donde se pudieran expresar las emociones. Así, Svadisthana podría ayudarlas a florecer.

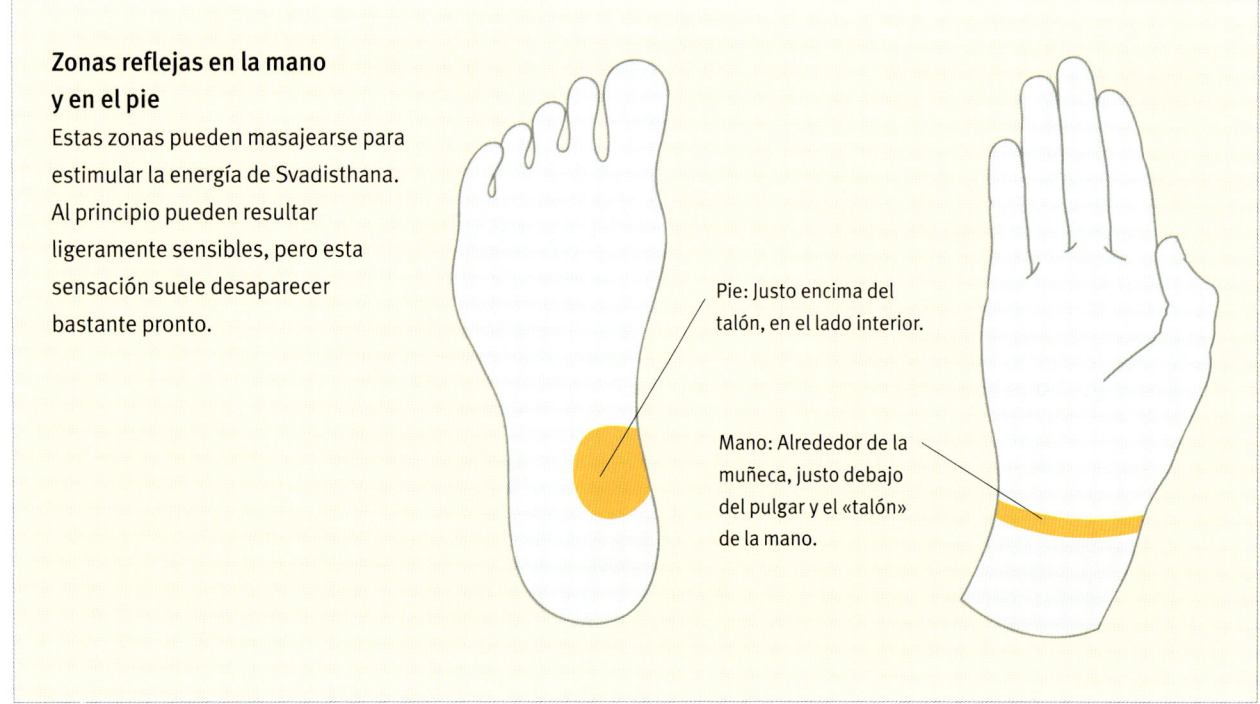

Zonas reflejas en la mano y en el pie

Estas zonas pueden masajearse para estimular la energía de Svadisthana. Al principio pueden resultar ligeramente sensibles, pero esta sensación suele desaparecer bastante pronto.

Pie: Justo encima del talón, en el lado interior.

Mano: Alrededor de la muñeca, justo debajo del pulgar y el «talón» de la mano.

Conexiones físicas

Svadisthana rige sobre la pelvis, los órganos reproductores, el útero, el riñón, la vejiga, el colon y la parte baja de la espalda, así como sobre los fluidos como la sangre, el esperma, la linfa y los jugos gástricos.

La energía de este chakra afecta a la reproducción. De hecho, el tratamiento de la energía de los riñones es el primer paso que suelen dar los acupuntores para corregir la infecundidad.

Ya he mencionado que el elemento agua rige los riñones y la vejiga, y nuestra habilidad para expresar el miedo correctamente. La etapa entre los siete y los catorce años suele ser el momento en que se desarrolla la confianza y el miedo se vuelve apropiado y protector. Todos necesitamos una cantidad saludable de miedo en nuestras vidas, lo que no es conveniente es que sea el miedo el que las dirija.

El meridiano del intestino grueso, en el elemento metal, tiene la función psicológica de ayudarnos a expresar correctamente la pena. Físicamente, elimina los desechos del organismo; psicológicamente, nos ayuda a librarnos de la pesadumbre, la pena y la negatividad tóxica, que aplastan la confianza y ahogan la creatividad.

Pueden existir todo tipo de problemas físicos asociados con un mal funcionamiento de la energía en Svadisthana: problemas de riñón o vejiga, infecundidad, impotencia, cánceres de útero, ovarios y próstata, enfermedades de la sangre, bajos niveles de esperma y problemas de la linfa y los jugos gástricos.

Glándulas

Las glándulas que rigen en Svadisthana son los ovarios, los testículos y la próstata. Aunque en ocasiones se dice que el cerebro es el mayor de los órganos sexuales del cuerpo, estas glándulas tienen un papel principal en la creatividad sexual.

Sonido

La música fluida, la música de la danza del vientre, la danza en pareja, la música popular y la salsa están asociadas con este chakra. En la naturaleza, los cantos de los pájaros, el murmullo del agua que fluye y las fuentes.

Cualquier música o baile que haga que tu pelvis se mueva beneficia a Svadisthana. Esta zona del cuerpo a menudo está rígida, en especial en lugares de clima frío. Una actitud ñoña hacia el movimiento de las caderas y la pelvis no nos favorece en absoluto… ¡parece que Elvis Presley tuvo la idea correcta! En Egipto, las mujeres empleaban la danza del vientre como preparación al parto. Los movimientos descritos en el capítulo 4 (véase página 95) nos ayudan a liberar esta zona.

Vocal

«O», entonada en clave de Do, es el tono vocálico de Svadisthana. Entónala con suavidad, utilizándola como un mantra, o repítela mientras realizas las posturas de Svadisthana (véanse páginas 101-105). Debido a la conexión existente entre Svadisthana y Vishudda, el chakra garganta, emplear la voz resulta particularmente potente.

Mantra

Vam (pronunciado «vang») es el sagrado bija (semilla) mantra para Svadisthana y liberará la energía bloqueada en esta zona. Concéntrate en Svadisthana mientras lo entonas. No es necesario que lo hagas en voz muy alta, simplemente permite que se construya una resonancia natural.

Gemas

La cornalina, la piedra de luna, el citrino, la turmalina y el topacio dorado aumentan la energía de Svadisthana. De todas formas, y como ya hemos indicado anteriormente, si te sientes atraído por una piedra en particular que sientas que estimula tu creatividad, utilízala. Túmbate, coloca la piedra o piedras elegidas sobre la parte inferior de tu abdomen y visualiza cómo absorbes las vibraciones.

Aceites de aromaterapia

El ylang-ylang, el sándalo, el jazmín, la rosa y el petitgrain estimulan Svadisthana. Vierte unas cuantas gotas de uno o más de ellos, elegidos de forma intuitiva —es decir, oliéndolos y viendo cuál te atrae—, en el baño o en un quemador. Mezcla unas gotas con un aceite base, como el de almendras, y masajéate la parte inferior del abdomen y la garganta con ellos. Mejor aún, dado que éste es el chakra de la sexualidad y la creatividad, por qué no los empleas para compartir un masaje con tu pareja, rodeados por un gran círculo de velas color naranja. Si tienes un sarong naranja, o una toalla, o un trozo de tela de este color, úsalo para cubrir las partes del cuerpo que no estén siendo masajeadas. Apaga la luz y disfruta liberando la exquisita energía de Svadisthana.

Alimentos

Las verduras de hoja, las ensaladas, los berros, el pepino, el melón, las peras y el membrillo activan Svadisthana. La mayoría de los alimentos que estimulan este chakra tienen un alto contenido en agua. Algunas personas consideran los membrillos y las granadas como afrodisíacos.

Energía equilibrada

Los niños que tienen la energía de Svadisthana equilibrada son la personificación del niño soberano, lleno de admiración inocente y deleite por el mundo, con entusiasmo por la vida y aprecio por su belleza.

Los adultos con la energía del chakra Svadisthana equilibrada son creativos e inspiran a los que tienen a su alrededor. Son seguros de sí mismos, abiertos, amigables y expresan una profunda alegría por la vida, que resulta maravillosamente contagiosa. Expresan su sexualidad con naturalidad, sin sentimientos de culpa, y construyen relaciones correctas. Aceptan sus cuerpos, se sienten bien dentro de su piel y suelen tener un aspecto de seguridad en sí mismos. No están agobiados por un ego demasiado grande ni por sentimientos de baja autoestima, y tienen un aura equilibrada y armoniosa a su alrededor. Tienen también unos órganos reproductores sanos y una vida creativa muy integrada. Su actitud hacia sus finanzas es equilibrada y generosa. Los sentimientos se aceptan y expresan con fluidez. Son considerados con los demás sin dejar por ello de atender a sus propios sentimientos.

Energía desequilibrada o bloqueada

Cuando existe un bloqueo de energía en Svadisthana, la expresión sexual puede estar inhibida, ser poco apropiada o estar mal dirigida. Pueden darse también fantasías excesivas, una sexualidad con brusquedades, frialdad o una parálisis emocional. Una persona cuya energía en Svadisthana funcione de forma incorrecta no es capaz de aceptar los golpes de la vida y ver el cuadro general. Probablemente contemplaremos un mártir aislado, una persona insegura y llena de desconfianza hacia el mundo, con aspecto pesimista. En casos extremos, puede incluso llegar a ser un pedófilo.

Físicamente pueden darse dificultades sexuales, como impotencia o frigidez, problemas en los riñones o la vejiga y dolor en la parte baja de la espalda, fibromas, quistes ováricos y problemas de próstata. Merece la pena mencionar que la medicina tradicional china nos enseña que nacemos con una cierta cantidad del chi original para que lo gastemos a lo largo de nuestra vida. También obtenemos chi, o prana, de la comida, el aire puro, el agua o la buena compañía; pero este chi original no es infinito y los hombres pierden una pequeña cantidad de él con cada orgasmo. Una cantidad excesiva de sexo agota este chi original en detrimento de la salud. Podemos preguntarnos cuánto se considera excesivo. Si habitualmente te sientes exhausto después de una relación sexual, quizá debieras conservar tu energía en este ámbito. La energía Svadisthana se ve comprometida por el sexo descuidado. Observa que no digo sin preocupaciones. Es ésta una zona absolutamente sagrada de nuestro cuerpo y nuestro ser, y debemos honrar la forma en la que la utilizamos.

A menudo se relacionan los problemas en la parte baja de la espalda, el cáncer de próstata, etc., con una repentina pérdida financiera, al igual que el cáncer intestinal y los problemas de los intestinos. El elemento metal hace referencia a los preciosos minerales de las rocas y conecta con la relación que mantenemos con nuestros padres y con el padre celestial; en otras palabras, con nuestra espiritualidad. Rige nuestros sentimientos de valía personal y sintonía espiritual. Las personas que tienen un desequilibrio en Svadisthana a menudo se sienten inútiles, carecen de conexión espiritual y compensan esto con la acumulación de dinero. Por ello, la pérdida de éste puede ser un suceso devastador.

Sugerencias para equilibrar Svadisthana

- Lleva un diario y cada mañana anota tus sentimientos antes de nada.
- Reflexiona acerca de lo que el sexo significa para ti y cómo lo expresas.
- Fíjate en cómo expresas tus aspectos masculino y femenino, y piensa en cómo podrías hacerlo de forma más creativa.
- Dale tiempo al aspecto más sensual del sexo en lugar de correr hacia el orgasmo.
- Aprende la danza del vientre, danza en pareja o salsa.
- Realiza las posturas de Svadisthana que se ilustran en las páginas 101-105.
- Prueba la visualización de la página 153.
- Respira como siguiendo el ritmo de las olas en la playa.
- Siéntate junto al agua a la luz de la luna y contempla sus reflejos.
- Nada a braza en el mar y observa cómo este ejercicio abre la pelvis y Svadisthana.
- Analiza tus relaciones con el dinero y piensa en cómo lo empleas.
- Piensa en formas de aportar creatividad a tu vida laboral.
- Observa tu código ético personal. ¿Lo cumples?
- ¿Te honras a ti mismo y a los demás en las relaciones?
- Utiliza los aceites y las gemas que se sugieren en páginas anteriores.
- Coloca caléndulas en un florero y enciende una vela color naranja.
- Piensa en alguien a quien admires y que exprese entusiasmo y creatividad en su vida y trata de emularlo.

3.º OMBLIGO | manipura puerta del sol

Localización
Plexo solar

Propósito
Poder, autodominio, fuerza de voluntad

Color
De amarillo a dorado

Elemento
Fuego

Símbolo
Un loto de diez pétalos

Edad
Entre los 14 y los 21 años

Mantra
Ram

Vocal
«O» cerrada

Energía equilibrada
Fuerza tranquila
Confianza
Gran fuerza de voluntad
Imponente y generoso
Respeto
Talento
Equilibrio
Expresión adecuada de los sentimientos
Risa y alegría

Energía desequilibrada o bloqueada
Timidez
Debilidad
Falta de logros
Falta de entusiasmo
Derrotado
Controlado por las emociones propias
Falto de sentimientos
Depresivo
Servil
Agresivo
Dominante
Irascible
Violento
Juzgar severamente
Adicto al trabajo
Resentido con la autoridad
Materialista

MANIPURA = CIUDAD DE JOYAS

Localización

Este chakra se sitúa en la región del plexo solar. La energía Manipura emana hacia delante desde la columna vertebral, entre la decimosegunda vértebra torácica y la primera vértebra lumbar, y se expande por una zona que cubre aproximadamente dos dedos por encima y por debajo del ombligo. Recibe el nombre de chakra del plexo solar, aunque la posición de Manipura se extiende también por debajo de ese punto. Detrás de él, sobre la columna vertebral, se sitúa uno de los puntos de acupuntura más importantes, conocido como «ming men». Este punto está considerado como el lugar donde reside el chi original que forma a los seres humanos y aunque se relaciona principalmente con Svadisthana (véanse páginas 32-39), afecta a Manipura.

Propósito

El propósito de Manipura es manifestar el poder personal y el autodominio. El chakra Manipura está asociado, en primer lugar, con la vista, el fuego y la luz. Para hacerte una idea de la energía de este chakra, imagina que estás contemplando la salida del Sol. Siente la emoción y expectación de ver cómo se extiende la luz por una parte del cielo de Oriente y observa cómo el color vuelve a inundar el paisaje un día más. Y a continuación, cuando el Sol de fuego se eleva por encima del horizonte, percibe sobre tu cuerpo la sensación inmediata de calor. El coro del amanecer alcanza un *crescendo*, las flores se abren y giran para mirar al Sol mientras comienza un nuevo día lleno de posibilidades.

El dorado símbolo del chakra Manipura (véanse páginas 42-43) se puede interpretar como representante de la superficie del planeta, con el cielo encima y la tierra debajo. La energía Manipura, emanando una radiante luz amarillo dorada, es el amanecer en nuestro horizonte y nos permite hacer brillar nuestra luz sobre el mundo. Esta energía determina cómo nos sentimos al comienzo del día: si nos despertamos llenos de optimismo y entusiasmo o desearíamos poder deslizarnos otra vez bajo las sábanas y que todo desapareciera.

La forma en la que expresamos el poder personal, ya sea con fuerza y confianza, energía y entusiasmo, o siendo tiránicos y dominantes o víctimas de las circunstancias, está regida por el equilibrio de energía en el chakra Manipura. Nuestra misma identidad social se forja en el fuego de este chakra: cuando la energía se concentra en Manipura, recibimos ayuda para establecer nuestro lugar en la Tierra. En Manipura tenemos el potencial para hacer evolucionar el mundo hacia una perspectiva más iluminada de amor y verdad.

En los sutras de yoga de Patanjali (véase página 21), en los que el autor proporciona el marco moral y físico para adquirir una absoluta libertad personal, se afirma que la contemplación de Manipura conduce al conocimiento del organismo físico y sus funciones, y que éste es el chakra de la fuerza vital. Esta afirmación está relacionada con la energía de dos importantes puntos de acupuntura: «espíritu agotado», situado en el ombligo, y «puerta del destino»

o «puerta de la vida», entre la segunda y la tercera vértebras lumbares.

Color

El color, que se proyecta hacia delante desde Manipura, es el amarillo en toda su gama hacia el dorado. Gira en la dirección de las agujas del reloj en los hombres (visto desde delante) y al contrario en las mujeres. Podemos estimular la energía Manipura llevando un cinturón amarillo o dorado, un pañuelo de este color alrededor de la cintura, una camiseta amarilla o poniéndonos ropa amarilla con más frecuencia. También lo estimulamos si nos rodeamos de objetos de color amarillo vivo: velas, almohadones o telas, por ejemplo. El amarillo es un color muy visible, famoso por inspirar confianza. Se usa muy frecuentemente cuando las personas (o también los vehículos) necesitan ser vistos fácilmente: para ropa de seguridad, vehículos de rescate y autobuses escolares.

Edad

Aunque Manipura tiene más fuerza entre los catorce y los veintiún años de edad, el momento en que comprobamos la energía de este chakra por primera vez es alrededor de los veinte; ese momento en que vamos «estirando» hasta ver dónde podemos llevar nuestros deseos antes de que nuestros padres se den cuenta. Pero es entre los quince y los veinte años cuando las llamas del vientre están realmente vivas. En esa época, la necesidad de expresar nuestra individualidad de manera correcta se hace muy evidente. Con suerte, se dan las circunstancias que permitirán este florecimiento, animando a los individuos a que descubran sus fuerzas y cómo deberían usarlas para servir a la sociedad y obtener su aceptación. La mayoría de las sociedades tienen rituales de entrada en la edad adulta, ya sea el sistema tradicional de entrar como aprendices en un oficio, el viaje de fin de estudios, el comienzo de la menstruación, afeitarse o matar el primer jabalí en el bosque.

Las consecuencias de limitar la expresión de la energía de Manipura en esta época pueden resultar terribles; la energía saldrá, pero de una forma distorsionada: seguidores de un equipo de fútbol peleando en los partidos, muchachos haciendo *graffitis* en los edificios y puentes de las carreteras o alardeando de forma potencialmente letal en coches y motos. No me sorprende que algunos de los más destructivos *hackers* —personas que pasan horas enteras en sus dormitorios hasta altas horas de la madrugada diseñando virus para ocasionar todo tipo de problemas en Internet— resulten ser adolescentes. Es mucho más difícil distinguirse en una población en expansión que en pequeñas comunidades, donde los mayores son los modelos y mentores de los jóvenes.

El arquetipo de Manipura es el guerrero espiritual que se adentra con valor en el amplio mundo para buscar fama y fortuna, en oposición al esclavo, al que asusta ese viaje y es vencido por el reto antes incluso de que éste empiece.

Elemento

Si el Sol no saliera cada mañana, no existiría vida en la Tierra ni seres humanos que encendieran un fuego, el elemento de este chakra. Cuando la ardiente energía fundida del centro de nuestra Tierra rompe la superficie de ésta y se hace visible en un volcán, experimentamos su poder. Estando cerca de los campos de cenizas del monte Merapi, en Java, escuché al volcán crujir y retumbar antes de verlo vomitar magma dorado, iluminando el cielo de la noche. Fue una visión impresionante y cautivadora que me llegó muy dentro. El fuego siempre atrae a las personas y las une. Los buenos dirigentes, como Nelson Mandela, atraen enormes masas de personas con el magnetismo que proyectan. Pero debemos usar el poder de forma correcta para el mayor beneficio de la humanidad (después de todo, también Adolf Hitler atraía a

El símbolo de Manipura

Tradicionalmente, la flor de loto de diez pétalos que simboliza Manipura tenía un color azul verdoso, como una nube de lluvia, y cada pétalo tenía inscrita en él una letra sánscrita de un azul vivo. Dentro de los pétalos encontramos un círculo que contiene un triangulo rojo con la punta hacia abajo y proyecciones en forma de «T» que simbolizan el movimiento. El bija mantra, *Ram,* está escrito en sánscrito en letras rojas dentro de él. En la parte inferior del triángulo aparece un carnero rojo, el vehículo de Agni, el dios védico del fuego, que representa las cualidades de Manipura. Una manera de estimular Manipura es visualizar un triángulo rojo mientras meditas.

Deidades: Lakini, Agni, Kali, Surya y Rudra

Las deidades asociadas con cada uno de los chakras representan las cualidades personales que podemos esperar ver influidas por la energía que emana de ese lugar. El chakra Manipura tiene cuatro de estas deidades en lugar de las dos habituales.

Lakini, una diosa de color rojo con cuatro brazos, es una de ellas. Tiene los dientes prominentes y su pecho está salpicado de sangre y grasa, consecuencia de su predilección por la carne cruda. Sostiene dos símbolos, un vajra, o rayo, en una mano, y fuego en otra. Las otras dos manos forman los mudras vara (que otorga beneficios) y abhaya, con la mano hacia delante (para disipar el temor).

Agni (Apolo), el dios del fuego, protector y guardián de las casas, es el dios relacionado con este chakra. Puedes imaginar un fuego protector en la boca de una cueva para recordarlo.

Kali, la negra diosa guerrera, conocida por su contrastante naturaleza, al mismo tiempo feroz, sedienta de sangre y

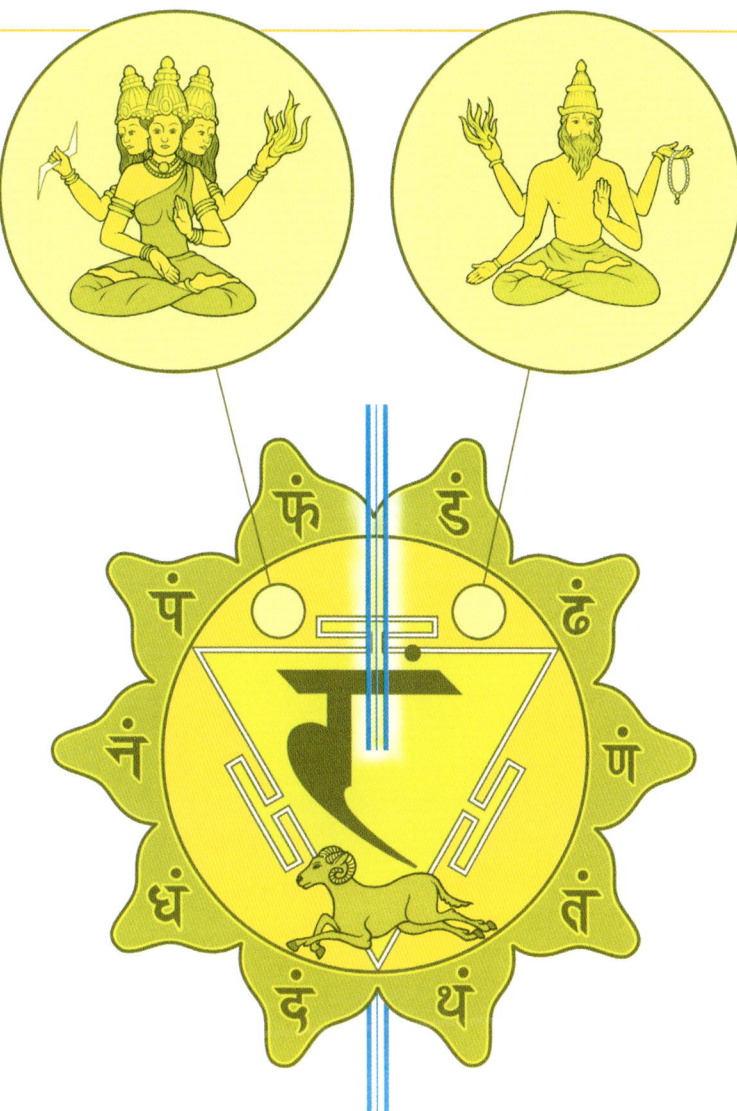

compasiva, tiene también la habilidad de disipar la ignorancia.

Surya, el dios del sol, representa nuestra habilidad para brillar. Quizá conozcas surya namaskar, la secuencia de yoga para saludar al Sol. Es especialmente poderosa para proporcionar energía a todos los chakras y resulta más efectiva cuando se realiza al comienzo del día. Es interesante señalar que de los muchos nombres de Surya (tiene doce en total), uno es Vivasvat, el dios de la buena digestión.

Rudra, el dios del fuego y las tormentas, es el aspecto destructor de Shiva. Tiene también la habilidad de otorgar bendiciones en abundancia. Nos recuerda que aprender a cabalgar sobre las tormentas de la vida nos da fuerza y es parte de la madurez.

gran número de personas), desarrollando el poder evolucionado de este chakra.

El fuego limpia y purifica, calienta nuestros cuerpos y nuestros alimentos. Se genera calor cuando transmutamos la comida que ingerimos en el combustible que necesitamos para hacer funcionar los sistemas de nuestro cuerpo. Una buena comida caliente nos alimenta y revive. El fuego nos mantuvo calientes por la noche durante miles de años y nos proporcionó nuestra única fuente de luz cuando el Sol ya se había ocultado. Incluso en la actualidad nos protege de los animales salvajes, regenera nuestros cultivos y nos incinera cuando morimos.

Sentido

Si tenemos en cuenta que en ausencia de la luz del sol, casi no podemos ver nada de lo que nos rodea, es fácil recordar que la vista es el sentido asociado con el chakra Manipura. La medicina tradicional china reconoce que el meridiano del hígado controla la vista y, psicológicamente, también la premonición. El hígado es uno de los órganos que gobierna Manipura. Para ser guerreros, para adentrarnos en el mundo y hacer nuestra contribución a la sociedad, necesitamos no sólo saber en qué dirección debemos golpear, sino también las consecuencias de las acciones que emprendemos.

Si la energía de este chakra está perturbada de alguna manera, quizá por estar hiper- o hipoactiva, o por estar desequilibrada o bloqueada (véase página 46), esto puede manifestarse con problemas en la vista. Los ejercicios para los ojos (véanse páginas 118-119) son beneficiosos para este chakra en este aspecto y funcionan tanto para la vista como para la premonición.

Conexiones físicas

Manipura rige el hígado, la vesícula biliar, el bazo, el estómago y los riñones. También el sistema digestivo se ve influido por Manipura. Como ya he señalado anteriormente, la vista y la premonición están gobernadas por el hígado. Su meridiano de elemento madera parejo, el de la vesícula biliar, no sólo metaboliza la grasa, sino que nos ayuda a tomar decisiones y, los dos juntos, nos ayudan a expresar el enfado de forma correcta. Cuando nuestros hijos adolescentes parecen oscilar de forma descontrolada entre la ira y la frustración, por un lado, y ser los seres más dulces de la Tierra, por otro, están

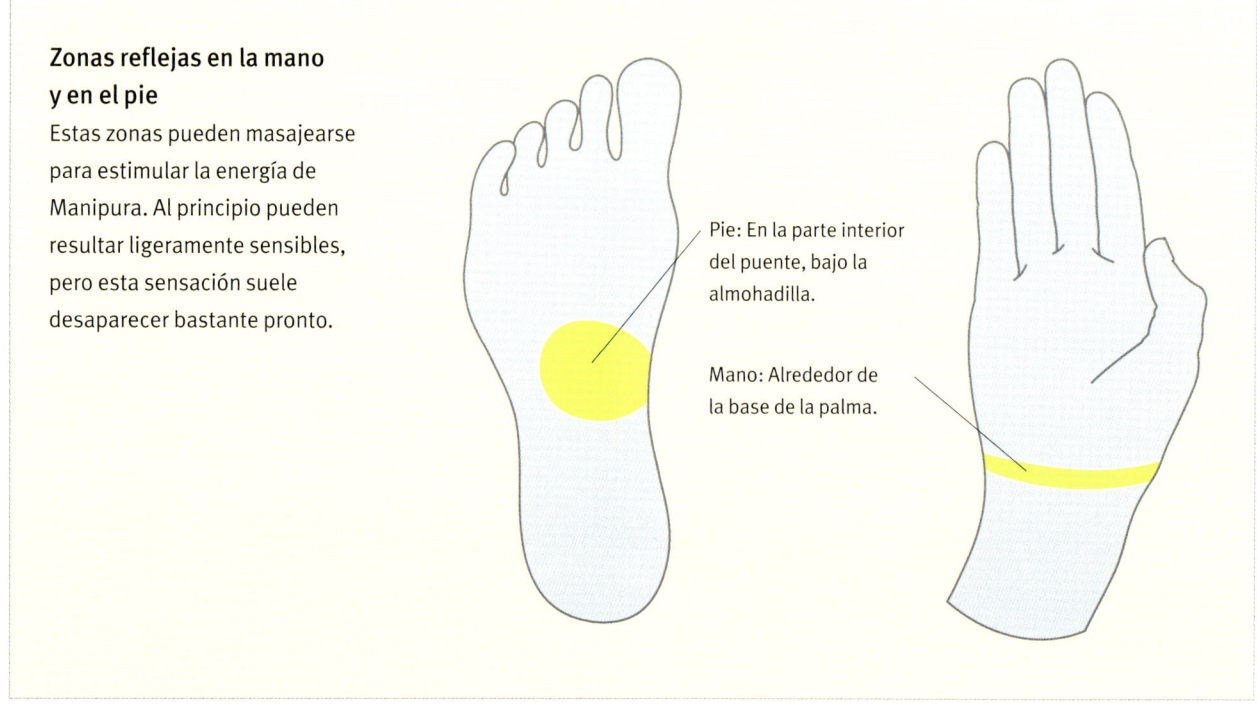

Zonas reflejas en la mano y en el pie
Estas zonas pueden masajearse para estimular la energía de Manipura. Al principio pueden resultar ligeramente sensibles, pero esta sensación suele desaparecer bastante pronto.

Pie: En la parte interior del puente, bajo la almohadilla.

Mano: Alrededor de la base de la palma.

intentando equilibrar esta expresión de poder. La forma en la que ejercemos nuestra voluntad, consiguiendo el equilibrio correcto entre la retirada y la tiranía, depende del funcionamiento efectivo del elemento madera y del flujo suave de la energía de Manipura.

El estómago y el bazo no sólo asimilan y convierten en nutrientes la comida que ingerimos, proporcionando así el combustible para nuestro cuerpo, sino que también gobiernan nuestra relación con la comida. Afectan a nuestro poder personal, nos motivan a la acción e influyen sobre nuestra habilidad para expresar la compasión de forma apropiada. Esto se conoce como el elemento tierra. Si la energía de este punto está desequilibrada, ello nos puede llevar a sentimientos negativos de martirio.

Aunque tradicionalmente no estén asociados a este chakra, también incluiría aquí los riñones, porque están en esta región, protegidos bajo las costillas inferiores. Dado que tienen una gran influencia sobre el valor, tienen que afectar a la energía de Manipura.

El abdomen, la parte inferior de la espalda y el sistema nervioso autónomo están influidos por Manipura. Las posturas sugeridas para este chakra (véanse páginas 106-109) fortalecen en gran medida estas zonas del cuerpo, además de mejorar el funcionamiento de los órganos asociados.

Glándula

La glándula que rige en este chakra es el páncreas. Situado cerca del bazo, tiene su papel en la digestión.

Sonido

Siempre que escuches una interpretación fuerte de vibrante música orquestal u observes el paso de una banda, lo más probable será que sientas un escalofrío de excitación en algún lugar de tu vientre. Este tipo de música, capaz de encender nuestros cuerpos de entusiasmo, puede emplearse para activar la energía Manipura.

También puedes probar a escuchar cantos de armónicos tibetanos. Si estás interesado en este tipo de música, puedes aprender a interpretarla por tu cuenta, pero yo recomiendo que, para empezar, te inscribas a un taller. Los armónicos son realmente poderosos, especialmente si se interpretan en grupo.

Vocal

La «o» cerrada es el sonido vocálico del chakra Manipura. Entónala en clave de Mi.

Mantra

El bija (semilla) mantra sagrado que activa Manipura es *Ram*. Entona el mantra cómodamente sentado en postura de meditación o repítelo mientras realizas las posturas recomendadas para Manipura (véanse páginas 106-109), excepto la elevación abdominal.

Gemas

El ámbar, el ojo de tigre, el citrino amarillo y el topacio, el ágata, la aventurina y la piedra del sol activan la energía de Manipura. Como ya he sugerido, elige tu piedra o piedras de forma intuitiva, escogiendo la que te haga sentir fuerte y seguro de ti mismo. Colócalas a tu alrededor sobre tu mesa o en tu altar, o túmbate y sitúalas sobre tu vientre, en el lugar donde tenemos un pequeño hueco. El ámbar es especialmente bueno, caliente al tacto y muy beneficioso para el sistema endocrino, el bazo y el corazón. El ojo de tigre nos ayuda a sentirnos valientes, como los tigres, mientras que el citrino aumenta nuestra autoestima.

Aceites de aromaterapia

La bergamota, el ylang-ylang, la canela, la camomila o manzanilla, el limón, el tomillo y el vetiver ayudan a activar este chakra. Pon unas cuantas gotas en un quemador o masajea una mezcla de los aceites que elijas de entre los mencionados con un aceite base, como el de almendras, en tu abdomen.

Precaución: No te expongas directamente al sol si te has aplicado bergamota sobre la piel, porque puede reaccionar con los rayos ultravioletas de la luz solar.

Alimentos

En los dominios del chakra Manipura encontramos los meridianos del hígado, la vesícula biliar, el bazo y el estómago, y la digestión en general está regida por él. Podemos tomar alimentos que apoyen estos meridianos si sentimos que tenemos problemas en Manipura. Las comidas ácidas y los granos lo activan. Los alimentos ácidos favorecen al hígado y a la vesícula biliar. Todos los cítricos son buenos y el membrillo es excepcional. Los granos y los alimentos simples como el muesli, el pan integral, el arroz y demás favorecen al estómago y al bazo. Prueba el muesli con zumo de naranja natural y un membrillo rallado.

Muchas personas manifiestan un desequilibrio en este chakra mediante problemas digestivos. Es corriente que los niños pequeños que se sienten inseguros en el colegio se quejen de dolor de tripa o dejen de comer de todo o algunas cosas concretas. Con los años hemos aprendido a pasar por alto la información vital que nos envía el estómago cuando nos comunica que ya hemos comido lo suficiente. ¿Cuántas veces te dijeron de pequeño que tenías que dejar el plato vacío? Otras veces estamos tan ocupados que nos olvidamos de comer, haciendo caso omiso de los mensajes de hambre. Muchos de nosotros necesitamos examinar nuestra relación con la comida y volver a aprender cómo escuchar los mensajes de nuestro estómago, examinar nuestros hábitos alimenticios y aprender a darnos cuenta de cómo reflejan nuestras emociones. Dado que este chakra es muy importante para todos los problemas digestivos, aquellos alimentos por los que nos sentimos atraídos y aquellos otros que no nos gustan pueden darnos muchas pistas acerca de su estado de salud. Podemos reflexionar sobre cómo nos expresamos y nuestro estado de seguridad en nosotros mismos.

Energía equilibrada

Cuando la energía de este chakra está equilibrada, nos sentimos fuertes, confiados y seguros de cuál es nuestro lugar en el mundo. Como resultado de ello, no necesitamos ser demasiado asertivos para conseguir lo que queremos u obtener nuestros objetivos; ya merecemos el respeto de los demás y lo otorgamos en igual medida. Nuestras opiniones, nuestra individualidad y nuestra fuerza nos otorgan este respeto. Estamos motivados para trabajar por el bien general de los que nos rodean y de la sociedad en general. Somos guerreros, capaces de afrontar los retos que se nos presentan cada día con determinación y optimismo. Como consecuencia de una personalidad bien estructurada, reconocemos los sentimientos, no los negamos, y los expresamos de forma apropiada.

Si el Sushumna (véanse página 16-17) establece una fuerte conexión entre este chakra y los del tercer ojo (Ajna) y la corona (Sahasrara), entonces puedes conseguir tus deseos más íntimos. Manipura, llamado la «ciudad de las joyas», se dice que otorga la habilidad de encontrar tesoros escondidos a aquellos cuya energía en este punto fluya libremente y esté equilibrada. Yo lo suelo interpretar como tesoros espirituales, pero también he visto casos en los que ha sucedido, bastante literalmente, en aspectos materiales.

Una persona que tenga la energía de Manipura equilibrada tendrá un aspecto saludable y fuerte en la zona del diafragma. Su abdomen no sobresaldrá ni se meterá hacia dentro y gozará de buenas digestiones. Será una persona capaz de transformar lo que come en energía saludable. Suelen elegir bien lo que comen y parar cuando se sienten saciados. Existe una tranquilidad y fuerza interior en las personas que están equilibradas en Manipura, un equilibrio entre lo espiritual y lo material, que proporciona una sensación de aplomo y estabilidad.

Energía desequilibrada o bloqueada

Cuando la energía de Manipura está desequilibrada o bloqueada, en el aspecto físico pueden darse problemas digestivos, entre los que se incluyen enfermedades del tipo de la diabetes, úlceras, bulimia, anorexia, comer en exceso, hinchazón de estómago, cálculos biliares y problemas en el hígado o en los ojos. También puede haber problemas en los meridianos del hígado, la vesícula biliar, el estómago, el bazo y los riñones. Según han demostrado los estudios realizados, un exceso de grasa corporal en esta zona es particularmente peligroso para el corazón.

Si la energía de Manipura está bloqueada o es excesiva, la persona afectada puede ser dominante, agresiva, insistente y desconsiderada hacia los demás. Dependiendo de la personalidad, también podemos encontrar personas adictas al trabajo, materialistas, iracundas, controladoras, presumidas y orgullosas.

Si la energía de Manipura está bloqueada o es débil, pueden sentir miedo a la soledad o inseguridad y suelen necesitar constantes expresiones tranquilizadoras. Pueden carecer de seguridad, ser personas humildes y sumisas e incapaces de defender sus convicciones. Como se desaniman con facilidad, la vida se presenta ante ellos llena de obstáculos. Su falta de fuego y entusiasmo es palpable.

Las personas con este temperamento a menudo lo muestran en un vientre hundido hacia dentro. Para un observador, puede parecer que no son capaces de asimilar los golpes de la vida. Un bloqueo en este chakra impide la apertura de los chakras superiores.

Sugerencias para equilibrar Manipura

- Entona el mantra *Ram* o la vocal «o» en clave de Mi.
- Ponte ropa amarilla o dorada, especialmente alrededor de la cintura.
- Medita sobre el símbolo del chakra o sobre un triángulo rojo.
- Contempla el significado escondido de las deidades.
- Toca música orquestal fuerte o marchas.
- Come alimentos ácidos o granos.
- Usa los aceites asociados para masajear el vientre o para perfumar tu habitación.
- Coloca una de las gemas asociadas sobre tu vientre.
- Observa un amanecer, contempla la llama de una vela o siéntate junto al fuego.
- Cierra los ojos y siente la luz del sol sobre ellos.
- Realiza las posturas de yoga sugeridas en las páginas 106-109.
- Prueba la visualización sugerida en la página 153.
- Prueba la respiración del fuelle, que se muestra en la página 140.
- Date tiempo para reflexionar acerca de la forma en la que utilizas el poder.
- Reconoce, de manera realista, lo que has conseguido.
- Lleva un diario y anota tus sentimientos.
- Reflexiona sobre el modo en que la ira afecta tu vida.
- Haz algo nuevo que te lleve más allá de tu habitual zona de comodidad.
- Termina una comida con la sensación de que podrías comer un poco más.
- Aprende a escuchar los mensajes que te envía tu estómago.
- Mantén esta zona caliente y no la expongas al aire frío.
- Visualiza una faja de fuerza alrededor de tu cintura cuando tengas miedo.
- Comprueba regularmente tu postura para meter el vientre o alinear la pelvis.
- Date tiempo para reflexionar acerca de tu relación con la comida.

4.º CORAZÓN

anahata puerta de los vientos

ANAHATA = EL SONIDO NO EJECUTADO

Localización
La zona central del pecho o entre los senos

Propósito
Compasión, amor incondicional, empatía

Color
Verde

Elemento
Aire

Símbolo
Un loto de doce pétalos

Edad
Entre los 21 y los 28 años

Mantra
Yam

Vocal
«A» cerrada

Energía equilibrada
Compasivo
Amor incondicional
Empático
Veraz
Receptivo
Responsable
Vocacional
Altruista
Generoso
Sensible
Irradia calor

Energía desequilibrada o bloqueada
Despreocupado
Insensible
Abusa del amor
Abusa del alcohol o las drogas
Implacable
Iracundo
Odioso
Indigente
Egoísta
Celoso
Confundido

Localización

Resulta significativo que Anahata se proyecte hacia delante entre los senos, en el centro del pecho, desde su origen en la columna vertebral, entre la cuarta y quinta vértebras torácicas, porque este chakra está muy relacionado con la forma en la que nutrimos a los demás y a nosotros mismos. Instintivamente colocamos una mano en esa parte del cuerpo, donde se proyecta hacia atrás, cuando consolamos a un amigo. Está situado en la región de los pulmones y gobierna la inspiración en todos los niveles del cuerpo, la mente y el espíritu.

Propósito

El propósito de Anahata es la compasión, el amor incondicional y la empatía. En Anahata se observa una transición desde las funciones más personales de los tres chakras inferiores, nuestros cimientos, hacia lo interpersonal. La profunda lección que nos enseña Anahata es que la verdadera transformación nos exige que vayamos más allá del ego para expresar amor divino e incondicional. Esto se llama bhakti yoga.

Si piensas en una persona de pie y con los brazos extendidos, verás que Anahata reposa en el centro de una cruz. Aquí las polaridades derecha e izquierda del cuerpo, representadas por los brazos derecho e izquierdo, se unen a la ascendente energía femenina, yin, de la Tierra y a la descendente energía masculina, yang, de los cielos. Más abajo están los chakras de supervivencia personal, automantenimiento biológico: autoconservación, sexo y alimento. Por encima están los tres chakras de una consciencia más evolucionada, transpersonal.

El meridiano del corazón viaja por el interior de los brazos hasta la punta del dedo meñique. Este final, en las manos, es muy apropiado porque Anahata gobierna nuestra habilidad para ser tocados, para ser inspirados. La persona que tiene el chakra corazón abierto y desbloqueado se ve influida por la gente, los acontecimientos, la música y un paisaje inspirador. Sientes compasión y te pueden brotar las lágrimas. Nuestro lenguaje está lleno de referencias a esta habilidad: algo se siente de corazón; nos duele el corazón de desesperación; nuestro corazón va hacia alguien desgraciado; nos duele el corazón; se nos rompe el corazón. El mundo entero se conmovió cuando un tsunami segó las vidas de unas trescientas mil personas, el 26 de diciembre de 2004, y destruyó los hogares y los medios de vida de millones de personas. El resto del mundo respondió con un estallido de amor y compasión sin precedentes y tan poderoso como la ola original.

Es relativamente fácil sentir la energía de este chakra. Sentimos una sensación física inconfundible en el corazón cuando se activa con fuerza, permitiendo que incluso las personas más duras sientan compasión. La emoción nos inspira a actuar para ayudar o consolar a los demás y, literalmente, les alcanza. Éste es el lugar donde reside el segundo nudo, el vishnu granthi (véase página 20). Cuando este nudo se desata, nos abrimos a nuevas realidades, se disipan las ideas limitadas o los prejuicios y aparece un flujo de amor incondicional. Ramakrishna, un ser

totalmente iluminado que experimentó la subida completa de Kundalini (véase página 18), afirmó que eliminar el bloqueo en este punto nos permite contemplar la belleza y gloria de la luz divina; en consecuencia, la mente ya no va detrás de los placeres del mundo. Cuando se abre Anahata también comienza a abrirse el chakra tercer ojo, Ajna, haciéndonos más receptivos a las dimensiones más sutiles.

Cerca de Anahata, y emparejado con él, se encuentra uno de los chakras menores, Kalpavriksha (el árbol kalpa que otorga todos los deseos). Este chakra lo describo en detalle en el capítulo 3 (véase página 84) y se abre sólo cuando Anahata ya lo ha hecho.

Como mencioné en la sección anterior acerca del chakra Manipura (véanse páginas 40-47), el diafragma se considera en muchas culturas como la superficie de la Tierra. Aquí, por tanto, estamos en los cielos, donde el Sol brilla en toda su gloria, inspirando el espíritu humano e irradiando calor (el meridiano del corazón presenta su máxima energía en las dos horas que van desde las once de la mañana a la una del mediodía). El diafragma está conectado con el corazón a través del pericardio, que lo envuelve. Esto significa que cada vez que respiramos, masajeamos suavemente el corazón.

A menudo se dice que para poder amar a los demás, primero debemos aprender a amarnos a nosotros mismos. Las personas sin alegría, llenas de rechazo hacia sí mismas, deben superar esto antes de que puedan realmente abrir sus corazones a los demás. Los lamas tibetanos que me enseñaron me hablaban a menudo, asombrados, acerca de la baja autoestima de las personas de Occidente. Quizá los occidentales hemos padecido una falta de cariño, aunque nuestras necesidades físicas estuvieran más que atendidas. Ver la televisión en el sofá con la familia no cuenta, realmente, como intercambio amoroso y no equivale a un abrazo. Debo dejar claro que cuando hablo de amarse a uno mismo no me estoy refiriendo a una borrachera de gastos en los grandes almacenes, que no hace otra cosa que malcriarnos. Muchísimas personas ricas testificarán la falta de satisfacción a largo plazo que ello aporta. En su lugar, estoy refiriéndome a ser conscientes de los mensajes de nuestro corazón, ser capaces de escucharlos y responder a ellos. Todos debemos honrar aquello que hace que nuestro corazón cante y seguir su consejo espiritual para permitir que este chakra se abra.

Color

El color del chakra Anahata es el verde. El punto de acupuntura yutang («salón de jade») está situado en el centro del pecho. Creo que este punto recibe su nombre del color verde hierba brillante que irradia este chakra. Tara, la diosa tibetana de la compasión, es verde. El color verde tiene un efecto relajante; esto es algo que ya sabrás si alguna vez te has sentido excepcionalmente tranquilo tras un paseo por el campo. Los monjes tibetanos escriben sobre papel verde, por su efecto relajante, cuando sienten los ojos cansados. (Suelo recomendar a todo el mundo que cambie el color de fondo de la pantalla del ordenador y lo ponga verde por esta misma razón.)

En ocasiones, también puedes experimentar un color rosa o dorado en Anahata cuando haces prácticas para abrir este chakra.

Elemento

Anahata recibe el nombre de «puerta de los vientos» y está directamente relacionado con la respiración y los pulmones, por lo que el elemento asociado a este chakra es el aire. Resulta interesante observar el hecho de que podemos sobrevivir sin comida durante semanas, sin agua durante días, pero sin aire morimos en cuestión de minutos. Pero la esencia de Anahata es más que aire. Prana es la chispa de fuerza vital contenida en el aire que respiramos. Los pulmones, en el elemento metal (véase técnicas de pranayama, páginas 137-143), rigen nuestra habilidad para conectar con nuestros padres terrenales y con la sabiduría conductora de los cielos, nuestra espiritualidad. Siempre que practicamos pranayama, control de la respiración, activamos Anahata, incluso mientras activamos también otros chakras con respiraciones específicas.

Sentido

La semana pasada, mientras caminaba por el campo tras haber pasado un día entero escribiendo, me quedé parada unos diez minutos transfigurada por la visión de una vaca lamiendo a su ternero. Su ternura y devoción, la felicidad en las caras de ambos, me pareció que resumían la energía de Anahata, caracterizada por el sentido del tacto. Los científicos han comprobado que acariciar a un gato reduce la hipertensión arterial, mientras que cuidar a un perro aporta mucha alegría a las personas recluidas en hospitales y clínicas.

Podemos refinar nuestro sentido del tacto con mucha facilidad. Párate un momento y toca las diferentes superficies que tienes a tu alrededor, sintiendo la distinta textura de cada una de ellas. A continuación, cierra los ojos y pásate la mano suavemente por la cara. Emplea todo el tiempo que quieras para explorar las formas, las colinas y las crestas de tu rostro. El toque más ligero y fugaz cuando saludamos o nos despedimos nos transforma. En cierta ocasión se realizó un estudio con gente que estaba de pie junto a una cabina telefónica, pidiendo a desconocidos si tenían cambio. Cuando estas personas tocaban a sus interlocutores, aunque fuera de forma imperceptible, éstos siempre encontraban tiempo para comprobar si lo tenían.

Edad

La época en la que la energía de Anahata es más fuerte es entre los veintiuno y los veintiocho años. El símbolo tradicional del rito de tránsito para una persona de veintiún años es darle la llave de una puerta: en este momento también se nos entrega, potencialmente, la llave de Anahata. Si hemos establecido cimientos firmes en los tres chakras inferiores, deberíamos estar preparados para los retos de esta

El símbolo de Anahata

Los doce pétalos color bermellón del loto, cada uno de ellos con un símbolo sánscrito inscrito en él, rodean dos triángulos superpuestos uno sobre el otro formando una estrella hexagonal. El triángulo que apunta hacia arriba representa a Shiva y a los tres chakras superiores; el que apunta hacia abajo, a Shakti y a los tres chakras inferiores. También indican inhalación y exhalación. Es un símbolo de equilibrio perfecto, tradicionalmente coloreado de gris humo, como el incienso que se eleva en un soplo de aire. En el centro se encuentra un bana linga con aspecto de luna creciente, para representar el bloqueo físico en su interior. Está colocado en un triángulo dorado del que se dice que es tan luminoso como diez millones de relámpagos, indicando la explosión de luz divina que puede verse cuando el vishnu granthi se desata y el chakra corazón se abre.

El ciervo o antílope en la parte inferior del símbolo se refiere a la ligereza de la sustancia física en el elemento aire: como el salto del ciervo que monta Avayu, el dios védico de los vientos.

Deidades: Isa y Kakini

Isa es un aspecto de Shiva, señor del Habla. Esta deidad está dibujada en color blanco brillante o rojo ladrillo y tiene tres ojos y dos brazos. Hace el gesto de disipar los miedos con una mano mientras otorga bendiciones con la otra. Cuando meditamos sobre Isa nos volvemos como él, capaces de «proteger y destruir el mundo» al mismo tiempo.

La diosa Kakini tiene un color amarillo brillante. Lleva un lazo para recordarnos que no debemos ser atrapados en la expectación espiritual porque esto, al igual que cuando tratamos de ver un puchero hervir, con seguridad va a

retrasar el proceso. La calavera que sostiene nos advierte de que debemos mantener una mente pura. Sus otras dos manos hacen el mismo gesto que Isa, disipando los miedos (la palma hacia delante) y otorgando bendiciones (la palma hacia arriba).

fase: compromiso en las relaciones, matrimonio, hijos y una vocación en lugar de solo un trabajo.

En algún momento seguro que has experimentado el crecimiento del chakra corazón, casi como un dolor físico, al enamorarte. El matrimonio o el entrar en una relación emocionalmente comprometida necesita que elevemos nuestro amor para acoger las necesidades de otra persona al mismo tiempo que honramos los mensajes de nuestro propio corazón. Necesitamos mucha energía en el chakra corazón para lograrlo.

No existe ningún otro momento en la vida en el que se nos requiera dar a otros con tanta fuerza como cuando nos convertimos en padres. Entre los veintiuno y los veintiocho años es cuando los acupuntores consideran que estamos más sanos para concebir un bebé, porque éste es el momento en el que el chi de los padres tiene más fuerza. Esos primeros meses de levantarse noche tras noche para alimentar y cambiar al bebé aportan un aspecto nuevo a nuestro concepto de amor incondicional. Es entonces cuando los miembros de la pareja necesitan mimarse el uno al otro, cuando están dando tanto a esa nueva persona que ha entrado en sus vidas y que les demanda tanto. A menudo el mundo adquiere una nueva dimensión cuando nos damos cuenta de que gustosamente nos sacrificaríamos a nosotros mismos, nos tiraríamos delante de un coche, para salvar a nuestro hijo. Realmente necesitamos la flexibilidad del elemento aire cuando hacemos malabarismos para poder abarcar el colegio, la compra, el trabajo y el mantenimiento de la casa. ¿Qué es lo que nos ayuda a superar todo esto? La sonrisa absolutamente inocente del bebé, sus bracitos extendidos pidiendo que le tomemos en brazos, y la compasión y el amor que nos aporta la energía equilibrada de Anahata.

Cuando el trabajo es una vocación y no solamente un empleo, el chakra corazón está contento. No es raro que jóvenes promesas urbanas abandonen sus elevados estilos de vida para apuntarse a cursos de magisterio o de voluntariado en diferentes países a lo largo y ancho del mundo. Estas personas han aprendido que lo importante es la felicidad espiritual y no el hecho de tener un coche elegante en el garaje. Las personas sin pareja o que no tienen hijos pueden beneficiar al chakra corazón con trabajos de dedicación a los demás, especialmente si están dirigidos a los niños.

Zonas reflejas de la mano y el pie

Estas zonas pueden masajearse para estimular la energía de Anahata. Al principio pueden resultar ligeramente sensibles, pero esta sensación suele desaparecer bastante pronto.

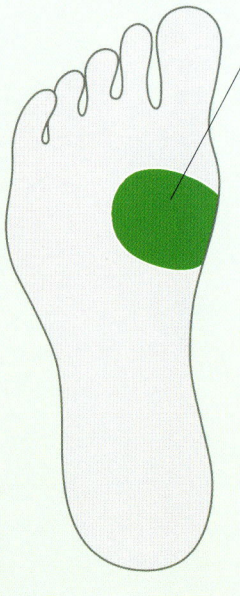

Pie: En la base de los dedos, justo por encima del arco del puente. Nunca sobreestimules estas zonas.

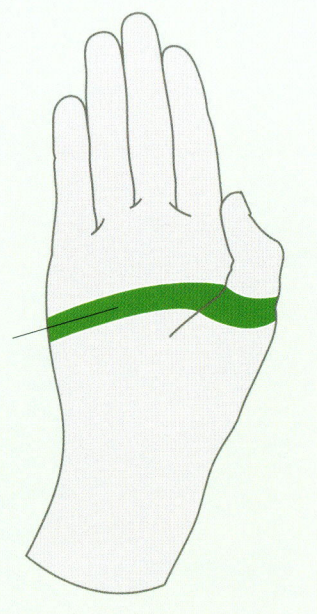

Mano: Alrededor de la palma, justo por encima de la articulación que une el pulgar con la palma, a través de la línea del corazón hasta un punto por debajo del dedo meñique.

Conexiones físicas

Anahata rige el corazón, la parte superior de la espalda, el tórax, los senos, los pulmones, la sangre y la circulación, la piel, el sistema inmunológico, los brazos y las manos.

El corazón es el órgano más importante asociado a este chakra. Bombea sangre por todo el cuerpo, repartiendo nutrientes a cada célula y regenerando todo el sistema. Los pulmones son parte del mismo sistema, distribuyendo oxígeno nuevo a la sangre y eliminando, a cambio, el dióxido de carbono. Los bebés son alimentados por los senos de sus madres.

Las abundantes células nerviosas de nuestra piel nos permiten sentir y tocar. Los chinos consideran la piel como otro pulmón, y todos sabemos que nuestra piel debe poder respirar o, de lo contrario, morimos. Existen muchas formas de chi o prana. El wei chi circula por la superficie de la piel durante el día, regulando la apertura y cierre de los poros y previniendo la invasión de gérmenes. Por la noche, cuando cerramos los ojos, el wei chi se adentra en el cuerpo para restaurar los órganos vitales, incluyendo los pulmones y el corazón. Nuestro bienestar se ve comprometido, por tanto, cuando permanecemos levantados hasta altas horas de la madrugada.

También el amor que damos y recibimos aumenta nuestra inmunidad. Rara vez trato sólo los síntomas de los pacientes, porque esto aportaría sólo un alivio momentáneo. Cuando alguno de mis pacientes se sentía «descorazonado», si trataba los puntos de la región del chakra corazón conseguía no sólo sanar sus síntomas, sino también hacerle recobrar el ánimo.

Una respiración buena y no limitada es crucial para el funcionamiento correcto de Anahata y puede liberar sentimientos largo tiempo escondidos, permitiendo la apertura de este chakra (véase «Alas de ángel», páginas 110-111).

Glándula

La glándula que rige este chakra es el timo. Esta glándula regula el crecimiento, controla la linfa y fortalece el sistema inmunológico, viéndose directamente influida por la energía de Anahata.

Sonido

Toda música que eleve el corazón cuando la escuchamos. Puede ser música clásica, salmodias, himnos, música religiosa, etcétera. Todas ellas activan Anahata. No es raro que la música haga brotar lágrimas a algunas personas.

Vocal

El sonido vocálico «a» cerrada en clave de Fa es el sonido de Anahata. Puede entonarse suavemente, realizando un sonido «a» más agudo.

Mantra

El mantra de Anahata es *Yam* (pronunciado «yang»); cuando entonas este mantra, la lengua se mantiene en el aire dentro de la boca. Concéntrate en el centro del corazón mientras lo entonas. Si se hace correctamente, hará vibrar el corazón, abriendo cualquier bloqueo que haya en él y liberando la energía para que pueda fluir hacia arriba.

Gemas

Como ya hemos indicado, sé intuitivo cuando elijas una gema, pero el cuarzo rosa, la turmalina sandía, la kunzita, la esmeralda, el jade, la aventurina verde, la malaquita y la crisoprasa están, todas ellas, asociadas a este chakra. Puedes colocarte cualesquiera de estas piedras sobre el centro del pecho mientras estás tumbado, relajándote.

También puedes llevar las piedras cerca del chakra corazón, en un colgante, lo que resulta muy protector. En China, muchas personas llevan un pequeño colgante de jade por los beneficios que aporta. (Yo, en ocasiones, coloco una pequeña crisoprasa verde brillante en el sujetador, justo sobre mi corazón.)

Aceites de aromaterapia

La esencia de rosas, la bergamota, la melisa, el geranio y el amaro activan este chakra. Elige un aceite que te guste y ponte unas gotas sobre el pecho. ¿Qué te parece hacer una mezcla de un aceite base, como el de almendras, y unas gotas de los aceites de Anahata y masajear las manos de un amigo con ella?

Precaución: Si estás embarazada o en periodo de lactancia, comprueba siempre si puedes usar los aceites. El amaro debe evitarse durante el embarazo. Nunca uses aceite de bergamota antes de exponerte al sol.

Alimentos

Los alimentos naturales como la fruta, los frutos secos, las semillas y el yogur, que son alimentos suaves (sattvic), nos tranquilizan y apoyan la energía de Anahata.

Energía equilibrada

Esta persona irradia amor y compasión, amabilidad, generosidad y tolerancia. No puedo darte un ejemplo mejor que Su Santidad el Dalai Lama. En su habitual estilo modesto, le gusta definirse como «un simple monje budista», y afirma que lo único que hace es practicar una amorosa amabilidad. Las personas que tienen el chakra corazón fuerte poseen la habilidad de cambiar el mundo que los rodea; sus vidas son una expresión del amor divino. Las personas que poseen una energía fuerte en Anahata tienen la habilidad natural de sanar a otros; en algunas ocasiones, simplemente estar en su presencia es sanador. Los budistas llaman a estas personas «bodhisattvas», o personas iluminadas (véase página 7).

Los bodhisattvas están motivados exclusivamente por la compasión y el amor, y soportarán cualquier sufrimiento si, por ello, pueden ayudar a otra persona. El entrenamiento de un bodhisattva comienza generando las «seis perfecciones»: generosidad, ética, paciencia, esfuerzo, concentración y sabiduría. (En una ocasión observé a una trabajadora social lavar los pies de mi madre. La ternura con la que limpiaba y secaba aquellos ancianos pies era tan conmovedora que me di cuenta de que estaba en presencia de una bodhisattva.)

Energía desequilibrada o bloqueada

Cuando existe un bloqueo en este chakra, pueden aparecer síntomas físicos, como problemas de corazón y circulatorios, o enfermedades pulmonares, como el asma, la bronquitis y otras. Puede haberse hecho la elección de fumar, un acto realmente muy poco amoroso hacia uno mismo. En ocasiones, el pecho da la sensación de estar como acorazado cuando la persona, habitualmente, endurece sus sentimientos y los reprime. La depresión y la falta de capacidad para poner el corazón en las cosas a menudo hunden el pecho, haciendo que la persona aparezca encogida y deshinchada.

Emocionalmente, puede darse un amplio abanico de problemas: dureza de corazón, falta de clemencia, posesividad, egoísmo y crueldad. También podemos encontrar un comportamiento profundamente abusivo y un mal uso del amor. Las personas que sufren en este punto pueden sentirse sin valor, dependientes y necesitadas. A veces son melancólicas y desearían dar amor, pero temen el rechazo. Otra forma de desequilibrio puede mostrarse con una dadivosidad excesiva, pero esperando recibir algo a cambio o con una incapacidad de recibir. Una emoción excesiva puede volverse exceso de conmiseración y ansiedad, un comportamiento expansivo con salvajes cambios de estado de ánimo. Esto suele darse en personas solitarias que experimentan la vida como algo lleno de tristeza. Sus intercambios con otras personas se basan en revivir un pasado lleno de heridas.

Cuando esto lleva consigo la sensación de carecer de madre, es conveniente realizar una visualización de uno mismo cuando era niño. Sea cual fuere la opinión que tienes de tu madre, probablemente se levantó noche tras noche para alimentarte, cuidarte y cambiarte. Lavó tu ropa y te aseó los pies sucios durante años. El perdón es lo que desata el vishnu granthi.

Sugerencias para equilibrar Anahata

- Practica una constante amabilidad amorosa.
- Aprende a sintonizarte con lo que tu corazón te indica y a confiar en él.
- Sigue tu primer impulso, que suele ser generoso.
- Date tiempo para disfrutar de la naturaleza y practica el andar con suavidad sobre la Tierra.
- Recicla siempre que puedas y todo lo que puedas.
- Coloca flores rosas en un jarrón.
- Percibe cuándo te vuelves demasiado duro en tus juicios y olvidas la compasión.
- Ponte unas gotas de los aceites de aromaterapia adecuados en el pecho.
- Lee los poemas de Rumi.
- Escucha una música que te anime.
- Regala algo a alguien y olvida que lo has hecho.
- Sé consciente de lo mucho que recibes de otros.
- Da las gracias al empleado cuando utilices algún servicio.
- Termina cada día escribiendo cinco intenciones por las que estés agradecido.
- Entona «a» cerrada en clave de Fa o el mantra *Yam*.
- Túmbate y relájate con una de las gemas asociadas a este chakra sobre el pecho.
- Encuentra en tu corazón el perdón para alguien que sientas que te ha hecho mal.
- Vive el presente.
- Realiza las posturas de Anahata (véanse páginas 110-114).
- Practica pranayama con regularidad (véanse páginas 137-143).
- Prueba la visualización de Anahata (véase página 154).

5.º GARGANTA

vishuddha puerta del tiempo y el espacio

Localización
Garganta

Propósito
Comunicación, creatividad

Color
Turquesa pálido o azul cielo

Elemento
Éter

Símbolo
Un loto de 16 pétalos

Edad
De los 28 a los 35 años

Mantra
Ham

Vocal
«E»

Energía equilibrada
Veracidad
Discurso claro
Reflexivo
Inspirador e inspirado
Creativo
Imaginativo
No realiza juicios severos
Honesto respecto a las debilidades propias
Independiente
Consciente de las dimensiones sutiles
Buen comunicador
Satisfecho

Energía desequilibrada o bloqueada
Mala comunicación
Demasiado hablador
Realiza juicios severos
Tono de voz áspero, tartamudeo y demás
Deshonesto
Carencia de creatividad
Poco inspirador
Arrogante
Indeciso
Dependiente
Carente de sentimientos

VISHUDDHA = PURIFICAR

Localización

El chakra Vishuddha está localizado en la garganta. Este chakra irradia desde el hueco entre las clavículas y hasta la nuez en el hombre, entre la tercera y la quinta vértebras cervicales.

Propósito

El quinto chakra principal rige los aspectos de comunicación y creatividad. Aquí la creatividad se encuentra en un nivel más transpersonal que en Svadisthana, el segundo chakra (véanse páginas 32-39). Svadisthana, aunque también esté conectado con la creatividad, la expresa en un nivel más personal que físico.

Siempre que hablamos o nos comunicamos mediante formas creativas, como la pintura, la música o la escritura, tenemos el potencial de dejar el ego a un lado y abrirnos desde un lugar más espacioso e interconectado universalmente. En ese lugar somos capaces de escuchar nuestra voz interior y recibir consejo del cosmos. Probablemente habrás experimentado lo absolutamente absorto y tranquilo que te sientes cuando pintas un cuadro, por ejemplo, o sientes de repente las palabras de una canción o un poema en tu mente. La creatividad transpersonal llega a través de nosotros y experimentamos sensaciones que son como un vehículo para algo más trascendente que nosotros mismos.

La lección que debemos aprender en Vishuddha es a tener fe y confianza en la dirección divina. Cuando el chakra Vishuddha se abre completamente, se desarrolla una fe inconmovible en la voz interior, que da como resultado un entendimiento más profundo de la vida. La información que recibimos de las esferas más sutiles y las dimensiones más elevadas es siempre fiable (lo que supone una de las formas de comprobarlo). El problema estriba en que, a menudo, encontramos mensajes inconvenientes, por lo que nuestro instinto nos hace obviarlos. Esto suele deberse a que esta información puede exigirnos realizar cambios en nuestras vidas, cambios radicales en ocasiones. Por ejemplo, ¿cuándo fue la última vez que dijiste «sé que no debería haber hecho…»? Cuando la energía de Vishuddha es fuerte, siempre que escuchamos esa voz interior podemos responder: «Tú eliges, yo te sigo y confío en que todo irá bien». En otras palabras: hágase tu voluntad.

De esta forma, Vishuddha rige la voluntad divina, distinta de la voluntad personal. En el chakra base, cuando somos niños, parece que todo el mundo tiene autoridad sobre nosotros. En el tercer chakra encontramos nuestra propia autoridad. Actuar desde un lugar en el que la voluntad personal está guiada por la autoridad divina aporta los mejores resultados y, además, la vida se vuelve mucho más fácil cuando abandonamos el campo de batalla de la voluntad personal.

Tener fe nos permite mantenernos fieles a nosotros mismos y a los demás, tomemos la decisión que tomemos. Vishuddha nos ofrece la posibilidad de prever las consecuencias de todas nuestras decisiones para que resulte imposible mentirnos a nosotros mismos o a otras personas. Todo incidente de falta de honradez o negación a

perdonar puede inhibir la capacidad de Vishuddha para abrirse. Cuando perdonamos, recobramos energía del pasado (donde la traición o el insulto están volviendo a suceder constantemente) y la traemos al presente para tocar zafarrancho, de una manera que permita una mejor comunicación.

Vishuddha rige el habla. Piensa en las muchas formas en que nos comunicamos con nuestra voz: reímos, lloramos, cantamos, salmodiamos, susurramos, gritamos, chillamos y aullamos. Con suerte, hablamos desde el corazón de forma sucinta y honesta, sin liberar mucho aire caliente. Los significados sutiles están implícitos en los más ligeros cambios de tono. (Tengo una amiga que oculta muy bien sus sentimientos, pero siempre sé cómo se siente solamente por el tono de su voz.)

Estos tonos son muy significativos. Específicamente, existen cinco tipos que expresan toda la información acerca de una persona: la voz risueña del fuego, la voz llorosa del metal, el gemido del agua, el canto de la tierra y el grito de la madera. Todos los tonos de los cinco elementos adquieren una forma extrema cuando están desequilibrados. El grito de la madera se hace más fuerte o un susurro; el tipo de persona ante la que hay que esforzarse para poderla oír. La risa del fuego se vuelve excesiva e inapropiada («Mi madre acaba de morir, ¡ja, ja, ja!») o completamente carente de alegría. La voz cantarina de la tierra llega a los extremos o se convierte en un monotono. El desequilibrio en el sonido lloroso del metal puede ser extremadamente tembloroso, como si la persona estuviera realmente llorando. Y el gemido del agua, cuando se desequilibra, se vuelve más profundo. Siempre que escucho una voz que grita, esa que resulta audible por encima de todas las demás en una habitación abarrotada de gente, sé que dicha persona, probablemente, tendrá problemas de enfado, sufrirá de los tendones y ligamentos, y tendrá tendencia a enfermedades de la vesícula y el hígado, y quizá problemas auditivos.

El silencio también nutre al chakra Vishuddha. Nos permite experimentar el espacio de Akasha, su elemento, y escuchar la voz interior con el oído de la mente superior. Te darás cuenta de que, a medida que Vishuddha se desarrolla, te vuelves más y más telepático. Alargas la mano para tomar el teléfono, éste empieza a sonar y descubres que es la persona a la que ibas a llamar. Los mensajes por correo electrónico se cruzan. Respondes a una pregunta que todavía no se había vocalizado. La mente se encuentra con la mente directamente. Algunas personas descubren que pueden escuchar mensajes de personas que han muerto hace mucho tiempo. Los sueños se vuelven reveladores y conllevan una guía clara. La vida se llena de sincronismo y coincidencias. Quizá también te hagas consciente de tu verdadera misión en la vida.

Los artistas y los músicos tienden a tener una concentración de energía en el quinto chakra. Cuando consiguen conectar con el nivel más puro de la creatividad, su arte es trascendente y hace correr un escalofrío a lo largo de la espalda del que lo recibe. Y al contrario: una forma segura de ahogar la creatividad es permitir que Vishuddha se vea enmarañado en asuntos relativos al ego, como el dinero, la fama y el miedo. La música de Occidente se desarrolló a partir de los cantos religiosos gregorianos y ambrosianos; las pinturas fueron, en origen, espirituales, mostrando en la pared de una cueva el espíritu del animal y del cazador. Algunas pinturas rupestres de África del Sur parecen mostrar un aura que irradia de unas cabezas alargadas. Los nativos sudafricanos reconocen lo que está sucediendo en esas antiguas pinturas y dicen que es exactamente lo que sucede cuando entran en trance durante sus danzas ceremoniales.

Cuando el chakra Vishuddha se abre totalmente, la persona es a menudo un magnífico orador, con una voz bella y armoniosa. Uno se siente escuchado profundamente por esa

El símbolo de Vishuddha

El yantra es una media luna plateada dentro del círculo de una luna llena blanca rodeada por los dieciséis pétalos de un loto azul grisáceo. La luna creciente es el símbolo del sonido cósmico, nadam, y representa la pureza. En el interior del círculo se encuentra un akasamandala (yantra de un triángulo que apunta hacia abajo) con un círculo blanco que contiene el símbolo sánscrito de Ham. El animal es el poderoso elefante, como en Muladhara, el primer chakra, pero en esta ocasión el Airavata, blanco como la luna, vehículo del dios Indra, no lleva collera: la servidumbre se ha transformado en servicio.

Deidades: Sadasiva y Sakti Sakini

Sadasiva es andrógino y conocido/conocida como el «por siempre benefactor». La mitad de su cuerpo es blanca, representando a Shiva, y la otra mitad dorada, representando a Sakti. Tiene cinco caras, con tres ojos en cada una de ellas, que representan el olfato, el gusto, la vista, el tacto, el sonido y la unión de los cinco elementos. Posee diez brazos y lleva puesta una guirnalda de serpientes y una piel de tigre. Porta nueve elementos y realiza el gesto de disipar los miedos, conocido como abhaya mudra.

Un lazo (pasa), que representa el peligro de verse cogido por el orgullo espiritual.

Una aguijada (ankusa), que nos recuerda que todos necesitamos esforzarnos más.

La gran serpiente, Nagendra, que representa la sabiduría.

Un tridente (sula), que representa la unidad de los cuerpos físico/etérico y causal.

Una llama (dahana), que representa los fuegos de la gran energía trascendental durmiente Kundalini.

Una campana (ghanta), que representa la cualidad de la escucha interior.

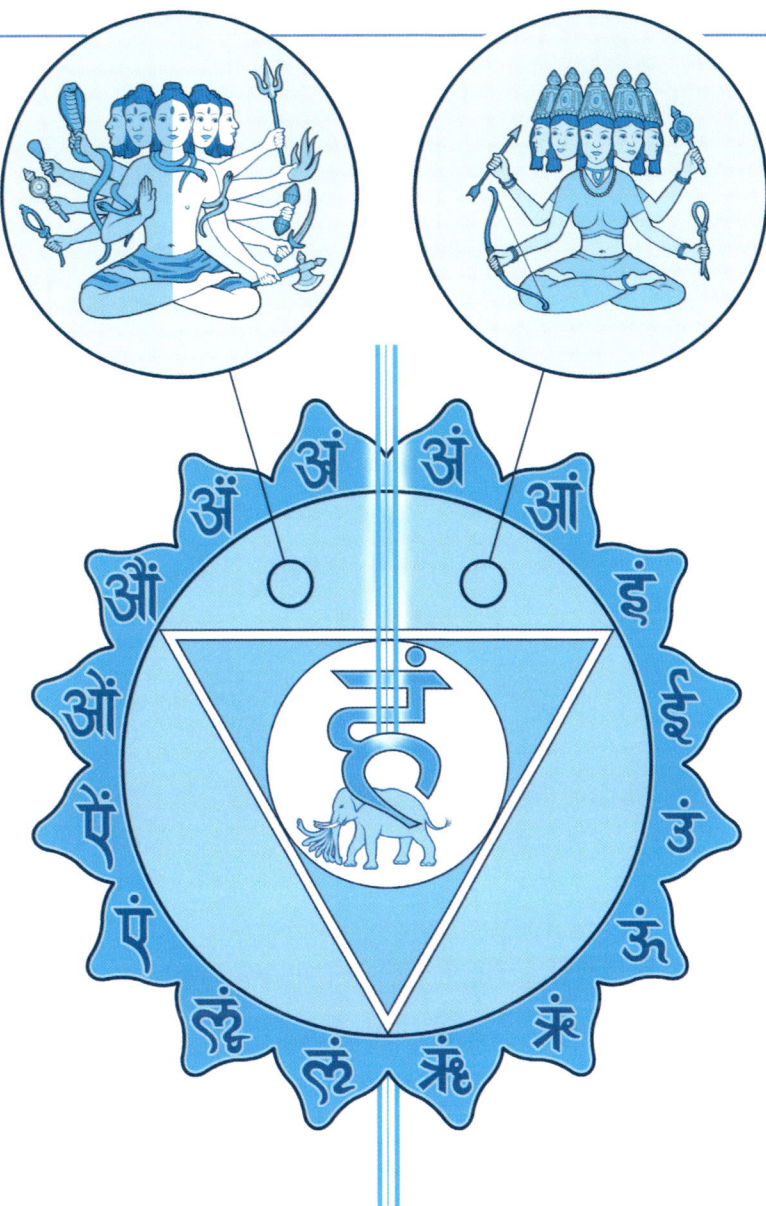

Un cetro de diamante (vajra), que simboliza la cualidad de indestructibilidad.

Una espada (khadga), que nos recuerda que debemos aprender a discriminar.

Un hacha de guerra (tanka), que representa el corte de antiguos aspectos de nuestro ser.

La mano libre muestra la palma hacia delante para disipar los miedos.

Sakti Sakini es un aspecto de Gauri, madre del universo. A veces está vestida de color amarillo, representando la luz, y en otras de azul cielo con un corpiño verde; tiene la piel rosa pálido. Es la otra mitad del cuerpo de Shiva y lleva un arco y una flecha, un lazo y una aguijada. Tiene la facultad de otorgar poderes psíquicos y nos habla a través de nuestros sueños.

persona y conmovido por lo que le dice. Las personas que poseen un flujo libre de energía en este chakra pueden dar también la sensación de comunicarse sin palabras; te comprometen con la mirada. Su Santidad el Dalai Lama atrae enormes muchedumbres siempre que habla, como también lo hicieron Jesucristo y Mahoma.

El chakra Vishuddha funciona en conjunción con dos de los chakras menores: Lalana, situado en la base del orificio nasal, y Bindu Vishargha, en la parte superior del cerebro hacia la parte posterior de la cabeza. Ésta era la zona que se afeitaban los monjes occidentales y donde los monjes orientales llevan una coleta. También está conectado con el chakra posterior de la garganta, que se abre hacia atrás y tiene unas funciones casi idénticas, según explicamos en el capítulo 3.

Color

El chakra Vishuddha tiene el color de un claro cielo azul. Sin embargo, también ha sido descrito como azul turquesa, azul plateado —como la luz de la luna con luz trémula sobre las aguas tranquilas—, azul cian y azul verdoso plateado. Si deseas activar la energía de Vishuddha, ponte una bufanda azul cielo alrededor de la garganta o un collar de turquesas. En esas ocasiones en las que deseas ser escuchado, te ayudará a hablar desde tu voz interior.

Elemento

El elemento asociado a Vishuddha es Akasha, el éter. Akasha es el espacio sin límites, el cielo infinito que lleva consigo todos los demás elementos. También conduce las vibraciones de la energía y el sonido sutiles. En ocasiones, se describe como luz astral. Para concentrar la energía de Vishuddha, túmbate sobre la hierba y contempla el espacio infinito de un cielo azul.

Akasha es también espacio interior que nos permite reflexionar sobre nuestros pensamientos y nuestros actos, y nos ayuda a discriminar entre las funciones de los cuerpos emocional, etéreo y físico. Por ello, los pensamientos dejan de estar dominados por los sentimientos y las sensaciones físicas, y nos dejan libres para poder ser más objetivos y recibir mensajes en el cuerpo mental superior (véanse páginas 12-13).

Sentido

El sentido asociado con Vishuddha es el oído. ¿Te habías dado

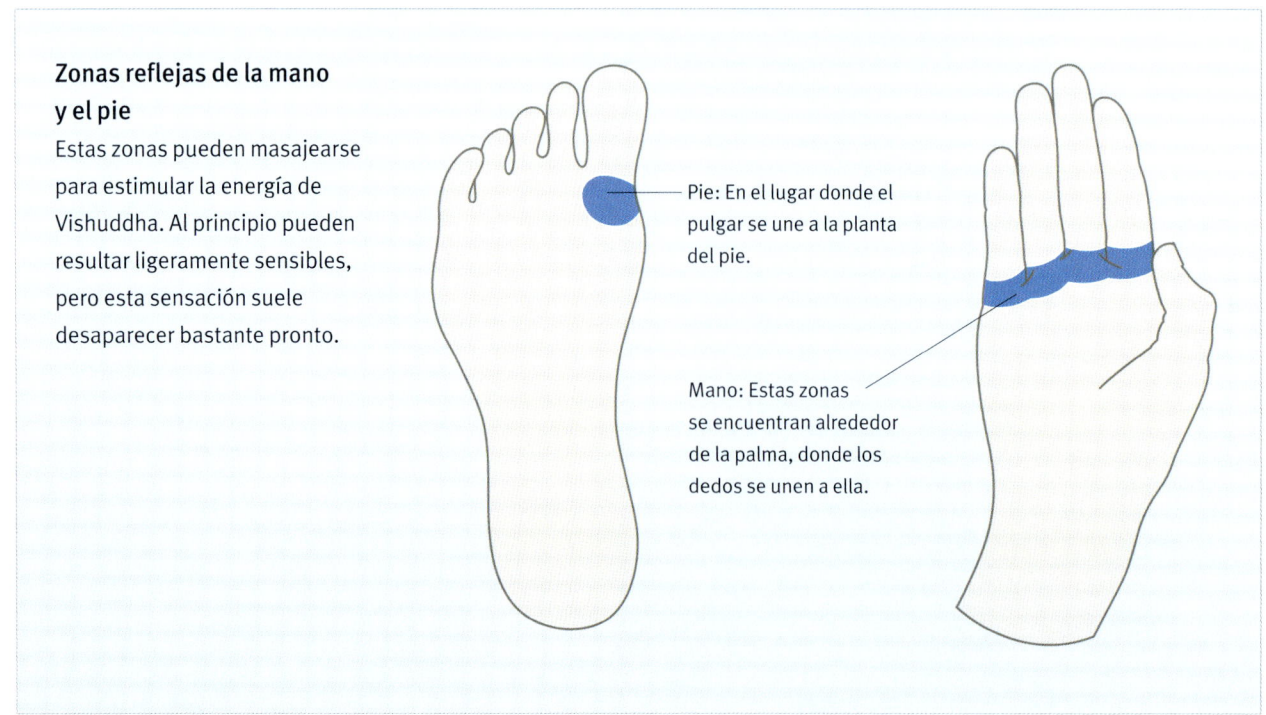

Zonas reflejas de la mano y el pie

Estas zonas pueden masajearse para estimular la energía de Vishuddha. Al principio pueden resultar ligeramente sensibles, pero esta sensación suele desaparecer bastante pronto.

Pie: En el lugar donde el pulgar se une a la planta del pie.

Mano: Estas zonas se encuentran alrededor de la palma, donde los dedos se unen a ella.

cuenta de que no existe el silencio absoluto? Compruébalo: cierra los ojos y escucha. Espera a que te lleguen los sonidos. ¿Puedes observar cómo, entre los diferentes sonidos de los pájaros, puertas de coches que se cierran, voces distantes y demás, existe un constante zumbido de fondo? Es lo que los yoguis llaman «nadam» y se dice que es el sonido de nuestras propias células al vibrar. Cuando Vishuddha se abre, este sonido se hace más claro, como una campana que repica, y a menudo se confunde con un zumbido de los oídos. Los yoguis emplean este sonido como herramienta para la meditación (véase página 150), con lo que activan Vishuddha enérgicamente. Entonar mantras y sonidos bija tiene también un poderoso efecto sobre este chakra.

Edad

El momento en que la energía de este chakra es más fuerte es entre los veintiocho y los treinta y cinco años. Todo se observa detenidamente: los trabajos, los matrimonios, el lugar y el modo en que vivimos, las amistades; es el momento en que reflexionamos sobre si nos servirán para el resto de nuestras vidas. La energía de Vishuddha puede manifestarse al principio como una forma de inquietud, de no saber lo que queremos ser de mayores. Cumplimos con nuestro trabajo, pero ¿es éste realmente nuestra vocación? Podemos sentir la necesidad urgente de alimentar nuestro espíritu interior de alguna manera. Las parejas pueden descubrir, de pronto, que desean comunicarse en un nivel más profundo, lo que, si no se lleva a cabo, puede hacer surgir la crisis en la relación. Ten en cuenta que el sentido de este chakra es el oído. Necesitamos aprender tanto a ser escuchados como a escuchar.

Conexiones físicas

Vishuddha rige la garganta, el cuello, la nuca, las cuerdas vocales, la voz, los bronquios, la tráquea, el esófago, la mandíbula, los brazos, la nariz, los dientes, las glándulas tiroideas y el oído.

Siempre que te duela la garganta, hazte la siguiente pregunta: «¿Qué es lo que estoy evitando decirle a alguien?» La garganta está sintonizada para recoger estas cosas y nos dará un toque mediante dolor, anginas o afonía. Puede que incluso perdamos la voz completamente. En otras ocasiones, la pregunta podría ser: «¿Quién es ese puñal que tengo clavado en el cuello?» (He perdido la cuenta de las veces que he hecho esta sugerencia a mis pacientes y he podido observar una sonrisa de conocimiento en sus rostros.)

Ya hablé anteriormente acerca de la voz armoniosa de la persona que tiene el chakra Vishuddha abierto. Cuando existen problemas, la voz puede adquirir un tono estrangulado o tembloroso. Prueba a estirar el cuello hacia delante y leer esta frase en voz alta. A medida que te vayas acercando al final de la frase, acorta la parte posterior del cuello, metiendo la barbilla hacia adentro ligeramente. ¿Puedes escuchar cómo se suaviza la voz?

¿Alguna vez has observado cómo, cuando están sometidas a un gran estrés o aterrorizadas, las personas se vuelven sordas completamente a lo que puedas decirles? Hacen oídos sordos a todo lo que dices para mitigar sus miedos. El meridiano del riñón rige el oído y el miedo. Repito una vez más: el miedo es destructivo para el funcionamiento saludable de este chakra y bloqueará su apertura y el libre flujo de energía.

Glándulas

Las glándulas asociadas con este chakra son el tiroides y el paratiroides. Los problemas de hiper- e hipotiroidismo están asociados con el quinto chakra, al igual que los problemas de paratiroides como quistes y tumores.

Sonido

Todas las formas de cántico espiritual, como los cantos meditativos de Taizé o el canto gregoriano, estimulan el chakra de la garganta, igual que lo hace cantar himnos o, sencillamente, cantar. Lo más efectivo es hacerlo a primera hora de la mañana, entre las tres y las cinco de la madrugada, porque éste es el momento en que la energía del meridiano de los pulmones está en su punto más alto. Probablemente ésta sea la razón de que exista una tradición en las comunidades religiosas de empezar las devociones en la madrugada.

Vocal

La «e», entonada en clave de Sol, es el sonido vocálico de Vishuddha. Puede entonarse como un mantra o repetirse silenciosamente, y resulta especialmente efectivo cuando se vocaliza mientras se realiza la postura (asana) del pez (véase página 117).

Mantra

El mantra del quinto chakra es *Ham*. Forma un óvalo con los labios y, mientras expulsas aire desde la garganta, haz sonar el mantra, pronunciándolo como «hang». Esto hace vibrar el cerebro y aumenta el flujo del fluido espinal hacia la garganta, haciendo la voz más melodiosa.

Gemas

La aguamarina, la turquesa, la calcedonia, la celestina, la sodalita y el zafiro claro son las gemas asociadas a este chakra. Ya que se encuentra situado en una zona en la que es fácil estimularlo, ponte la gema que elijas con una cadena (de plata, a ser posible), de forma que la piedra repose en el hueco de la garganta.

Aceites de aromaterapia

La salvia, el eucalipto, la lavanda, el sándalo, el neroli, la mirra y la camomila o manzanilla activan el chakra Vishuddha. Ponte una gota del aceite que más te atraiga en el hueco de la garganta o mézclalo primero con un aceite base, como el de almendras. En ese lugar está situado un punto de acupuntura conocido como «jade perlado», una buena descripción del color de Vishuddha.

Alimentos

Los alimentos sattvic ligeros favorecen la energía de Vishuddha y yo recomendaría los más ligeros, aquellos que estimulan un estado contemplativo, tranquilo. Éstos son los llamados alimentos sattvic de ayurveda: uvas, ensaladas, hierbas y muchos otros. Un poco de yogur natural con una cucharadita de miel para la garganta es perfecto.

Energía equilibrada

Las personas que tienen equilibrada la energía de este chakra resultan una fuente de inspiración y suelen tomarse como modelo de forma natural. Siempre dicen la verdad y hablan claramente. De hecho, pueden comunicarse bien con todo tipo de gente, incluso sin hablar. Su habilidad para ser reflexivos significa que nunca realizan juicios severos. Sus vidas son creativas e inspiradoras para los demás y aportan soluciones imaginativas en las discusiones.

Son personas muy psíquicas, que pueden tener habilidades esotéricas, como telepatía, clarividencia o clariaudiencia; habilidades a las que, sin embargo, no dan importancia, siempre y cuando los demás chakras estén bien equilibrados. Impresionan a los demás con su capacidad para admitir sus fallos y con lo directo de su honestidad. No pueden ser manipulados y son muy claros en lo que respecta a las decisiones tomadas bajo la influencia de un poder superior admitido. Encuentran relativamente fácil meditar y pueden desarrollar muchos poderes en ello, como abstenerse de comer o beber, o adquirir un control extraordinario sobre sus cuerpos. En resumen, su alegría es un ejemplo para todos nosotros.

Energía desequilibrada o bloqueada

Estas personas pueden ser aquéllas con diarrea verbal, las que nunca dejan a los demás tiempo de tomar aliento mientras cotillean o las que hacen callar a gritos las opiniones de los demás. Pueden ser dogmáticos y arrogantes, y realizar juicios severos sobre los demás. También pueden tener puntos de vista inconsistentes o poco fiables.

Tendrán una mala comunicación entre la mente y el cuerpo, lo que provocará problemas relacionados con sus sentimientos y la forma en que éstos afectan al cuerpo, o un cierre absoluto de sus sentimientos. Estas personas pueden ser muy rigurosas consigo mismas o seguir las opiniones de los demás acerca de ellos. Esto puede separarles de su naturaleza real, enmascarada a veces por una enorme cantidad de palabras. El lenguaje puede ser brusco, discutidor, descarado o frío y «de negocios», carente de emoción.

Una energía débil o bloqueada en este punto puede manifestarse como un tartamudeo o como deshonestidad. Físicamente, se darán problemas en la zona de la garganta, como ya hemos descrito, y rigidez general alrededor del cuello y los hombros, que pueden tensarse hacia arriba, alrededor de las orejas, en un gesto inconsciente de protección.

La energía espiritual puede acumularse en la cabeza o en los chakras inferiores. Se sabe de dirigentes espirituales que han desarrollado un desequilibrio por emplear demasiado tiempo en desarrollar los centros superiores a costa de los inferiores. Es necesario que aprendamos a discriminar y que sospechemos si estas personas comienzan a adquirir flotas de limusinas.

Sugerencias para equilibrar Vishuddha

- Pasa tiempo en silencio y escucha regularmente a la voz interior.
- Deja tiempo para reflexionar acerca de tu vida y la dirección que ésta toma. Pregúntate a ti mismo si estás contento con el curso que lleva.
- Túmbate sobre la hierba en un día cálido, mira hacia el cielo azul y contempla el éter.
- Siéntate junto a un lago, estanque o a la orilla del mar bajo la luz de la luna y observa la luz reflejada sobre el agua.
- Ponte el color turquesa alrededor del cuello en un collar, en un pañuelo o en el cuello de una camisa.
- Toma alimentos puros, sattvic.
- Practica la honestidad total contigo mismo y con los demás.
- Después de un evento social, reflexiona acerca de lo que dijiste y cómo lo expresaste.
- Escucha el tono de tu voz y realiza los ajustes necesarios.
- De vez en cuando a lo largo del día, alarga la parte posterior del cuello metiendo ligeramente la barbilla sobre el pecho.
- Entona «e» en clave de Sol o el mantra *Ham*. Apúntate a un coro o canta en la ducha.
- Prueba la visualización de Vishuddha (véase página 154).
- Realiza las posturas (asanas) para Vishuddha (véanse páginas 115-117).
- Practica pranayama con regularidad (véanse páginas 137-143).
- Adopta una afición en la que pueda florecer tu creatividad interior profunda.
- Habla en tu favor.
- Piensa en alguien a quien necesites perdonar o bien dirígete a él personalmente, o bien escríbele una carta de perdón y quémala.
- Piensa en cómo podrías aumentar la creatividad en tu trabajo.
- La próxima vez que te duela la garganta, pregúntate a ti mismo: «¿Qué es lo que estoy evitando decirle a alguien?»

6.º ENTRECEJO ajna puerta de la liberación

Localización
Entrecejo

Propósito
Intuición, dominio de uno mismo

Color
Añil

Símbolo
Un loto de dos pétalos

Mantra
Om

Vocal
«I»

Energía equilibrada
Claridad
Contento
Discernimiento
Desapego
Psíquico
Intuitivo
Sanadores naturales
Sabio
Perspicaz
Respetado
Fe sólida

Energía desequilibrada o bloqueada
Racionalista
Dubitativo
Desconfiado
Carente de perspicacia
Carente de discernimiento
Intelectualmente arrogante
Materialista
Aislado
Carente de discernimiento
Ligado
Poco espiritual

AJNA = PERCIBIR, SABER

Localización

Este chakra, Ajna, conocido normalmente como chakra tercer ojo, está localizado entre las dos cejas y ligeramente por encima de ellas. Se proyecta hacia delante a partir de la glándula pituitaria, aunque también está relacionado con la glándula pineal. Se empareja con el chakra menor Soma, que se asienta justo encima de él (véase página 88).

Propósito

Ajna es el lugar donde reside la mente sutil y, cuando está totalmente abierto, aporta una ventaja equivalente a aquella que tendría un vidente en medio de una muchedumbre de ciegos, otorgando conocimiento y dominio de uno mismo. La mayoría de nosotros vive la vida y toma decisiones guiado por una mente contaminada con patrones emocionales sin resolver, daños, ira, prejuicios y las opiniones de los demás, que se suman para darnos una visión del mundo tan distorsionada como la que podríamos contemplar en un espejo de feria. Esto es el estado de dualidad.

Las personas que poseen una fuerte energía en este sexto chakra ven el mundo con absoluta claridad y comprenden instintivamente la interconexión entre todas las cosas. Poseen desapego, que algunas veces se confunde con falta de compasión, y cuentan con la habilidad de no verse atrapados por emociones distorsionadas. Cuando Ajna se abre, es como si nos libráramos de un correo en cadena de ilusiones engañosas que nos tenía atrapados en un modo de pensar limitado. Cuando el último de los tres nudos psíquicos, el rudra granthi, situado en Ajna, se

desata (véase página 20), quedamos realmente liberados. Muchas habilidades psíquicas se desarrollan y existe un conocimiento que sobrepasa todo lo anteriormente experimentado.

Las personas con un chakra Ajna activo siempre se guían por su intuición. Al igual que la palabra está en el centro de la garganta, así la visión se sitúa en la frente. Éste es el reino del vidente, del sabio, aquel que posee una sabiduría por encima de lo habitual.

Estas personas poseen una poderosa clarividencia; la visualización es su segunda naturaleza. Conocen por anticipado y comprenden las consecuencias de toda acción; el conocimiento del pasado y del futuro es, para ellos, tan claro como el del presente. Sus poderes pueden incluir clariaudiencia (guía auditiva del cosmos) o clarisensación (recibir información a través del tacto). La telepatía será muy fuerte y la vida estará llena de sincronismo.

Déjame que te cuente una historia. En cierta ocasión existió un joven monje que pensó en probar los extraordinarios poderes de su maestro, el lama Yeshe del monasterio de Kopan. Era un día muy cálido y la sala de meditación estaba abarrotada. El joven monje visualizó entregar al lama Yeshe un vaso de zumo de naranja recién exprimido. Lama Yeshe hizo una pausa en su discurso, le miró fijamente, y le dijo: «Muchas gracias, hijo; muchísimas gracias», y continuó hablando.

No podemos abrir la puerta de este poderoso chakra sólo mediante el esfuerzo. Para experimentar su estado eterno, de suprema felicidad, libre del temor a la muerte, con un

profundo conocimiento interior, primero debemos desarrollar un entendimiento suficientemente profundo de las fuerzas que se esconden tras él. Cuando somos lo bastante fuertes como para abrazar tanta luz, la apertura tiene lugar espontáneamente y puede ocurrir a cualquier edad. El nudo se desata y experimentamos el éxtasis de la no-dualidad. Todo el conocimiento existe pero, como la energía almacenada en la semilla de una planta, está escondido para la comprensión de la mayor parte de las personas. Para los iluminados, todo se vuelve repentinamente claro, se conocen causa y efecto; es similar a lo que algunas personas describen como experiencias en situaciones próximas a la muerte.

Color

El color asociado a Ajna es el añil. Sin embargo, irradiará amarillo en una persona que esté experimentando pensamientos racionales, intelectuales, y violeta cuando la percepción extrasensorial esté activa.

Ajna se activa siempre que se lleve puesto el color añil en cualquier punto del cuerpo. También puedes rodearte de flores, como el lirio morado, y encender velas azul oscuro.

Elemento

No tiene ninguno asociado. Al no haberlo, podríamos decir que los rayos de luz son el elemento de Ajna.

Sentido

Las personas cuyo chakra Ajna está abierto suelen experimentar una intensificación de todos sus sentidos. La percepción extrasensorial es muy fuerte y tienen un poderoso radar para los sentimientos de los demás.

Edad

No corresponde con ninguna. El despertar espontáneo de Ajna puede tener lugar a cualquier edad y se cuentan muchas historias de niños iluminados, como por ejemplo el Dalai Lama. Su apertura tiene lugar mediante la gracia, no por el esfuerzo, aunque el modo en que vivimos nuestras vidas hace que ésta sea más o menos probable.

Conexiones físicas

Ajna rige los ojos, la base del cráneo, la cara, la nariz, los senos frontales y paranasales, el cerebelo y el sistema nervioso central. Dado que el cerebro y el sistema nervioso están bajo el control de Ajna, deberíamos echar un vistazo a los dos hemisferios. El hemisferio derecho, asociado con el lado izquierdo y femenino del cuerpo, se encuentra activo cuando estamos en un estado creativo, de pensamiento lateral, tranquilos y concentrados, y está particularmente activo cuando meditamos. El hemisferio izquierdo, asociado con el lado derecho y masculino del cuerpo, se hace más activo cuando estamos en un estado mental lógico y activo. Los antiguos yoguis solían equilibrar ambos lados del cerebro utilizando la respiración alterna (véase página 143), respirando a través del agujero de la nariz.

El cerebro rige el movimiento del cuerpo físico; la mente rige el cuerpo energético. La energía va allí donde dirigimos nuestros pensamientos. Ésta es la razón de que nos agotemos tanto cuando estamos constantemente dando vueltas a insultos y daños del pasado o proyectando preocupaciones hacia el futuro. Centrar nuestra atención en Ajna nos ayuda a vivir el presente y otorga a nuestros cansados cerebros un descanso.

A menudo, los ojos y la nariz se ven afectados cuando existe un desequilibrio de energía en Ajna. Pueden darse dolores de cabeza, pesadillas, un comportamiento engañoso y problemas con el sistema nervioso central.

Glándulas

Aunque se ha demostrado la conexión con la glándula pineal, dado su papel como centro de mando del sistema endocrino, su habilidad para rejuvenecer todo el cuerpo y por el hecho de que tiene dos lóbulos, anterior y posterior, yo abogo por una conexión con la glándula pituitaria. Probablemente, ambas glándulas están influidas por Ajna o ejercen influencia sobre éste.

Sonido

Cualquier música que expanda y abra la mente, habitualmente música clásica, podría ser la que nos coloque en el estado mental apropiado para que Ajna se abra. Lo importante es escuchar realmente la música e implicarse en ella, dejándose llevar dondequiera que nos conduzca. Nuestras células explotan de color y de luz cuando se les toca la nota correcta. Si sientes que la música es irritante o que te rechina, probablemente sea así. El mejor consejo es que la apagues o te vayas a otra habitación. Reconocerás una música que te eleva en el momento en que la escuches.

Vocal

«I», cantada en La. Entónala como mantra antes de meditar.

Mantra

El mantra de este chakra es probablemente el más conocido de todos, *Om* (a veces llamado pranava), y tiene el poder de activar Ajna y hacer subir a Kundalini. También estimula el cerebelo y abre el sistema nervioso central a las vibraciones cósmicas, por lo que debería ser tratado con mucho respeto. *Om*, o *Aum*, refleja el sonido interior, nadam. Es la música cósmica, el sonido de las vibrantes moléculas del universo. Céntrate unos instantes en nadam. Luego comienza a cantar vocalizando un sonido de «a» corto y gutural desde la parte más baja del tracto vocal. Permite que el sonido evolucione a «o» mientras lo mueves a las zonas más altas del tracto vocal.

El símbolo de Ajna

Aunque tradicionalmente se dibujan solamente dos pétalos en este loto, éstos cubren otros cuarenta y ocho invisibles a cada lado. Los dos pétalos indican que es aquí donde las energías masculina y femenina —Ida y Pingala— se encuentran y terminan. Sólo el Sushumna central, el más importante de todos los nadis, o meridianos (véanse páginas 16-17), continúa hasta la corona de la cabeza. Estos pétalos representan las alas de la trascendencia —o las dos cabezas de serpiente de Ida y Pingala—, la unión de las energías masculina y femenina. También representan la dualidad primaria que surge de nuestro estado unificado original y presente en todas las cosas: los dos hemisferios del cerebro, nuestros ojos (derecho e izquierdo), los dos lóbulos de la glándula pituitaria, nuestros bilaterales cuerpos exteriores. Es un recordatorio de que, incluso aunque el aura sea ovoidal e irradie hacia fuera, por dentro existen subcampos que fluyen en direcciones opuestas hacia arriba y hacia abajo del cuerpo sutil.

Tradicionalmente, los pétalos son blancos y están inscritos con los mantras *Hang,* representando a Shiva, en un lado, y *Ksham,* representando a Shakti, en el otro; juntos significan «Soy aquello que soy». Entre los pétalos podemos ver un círculo blanco que representa a Shunya, el vacío o existencia pura, fuente del ser y punto de regreso. Dentro del círculo se encuentra un yantra de un triángulo dorado que apunta hacia abajo, con el mantra *Om* dentro de él. Detrás del mantra está el linga itara, blanco con rayos que hace alusión a los extraordinarios poderes de Ajna. Ningún animal está asociado a este chakra.

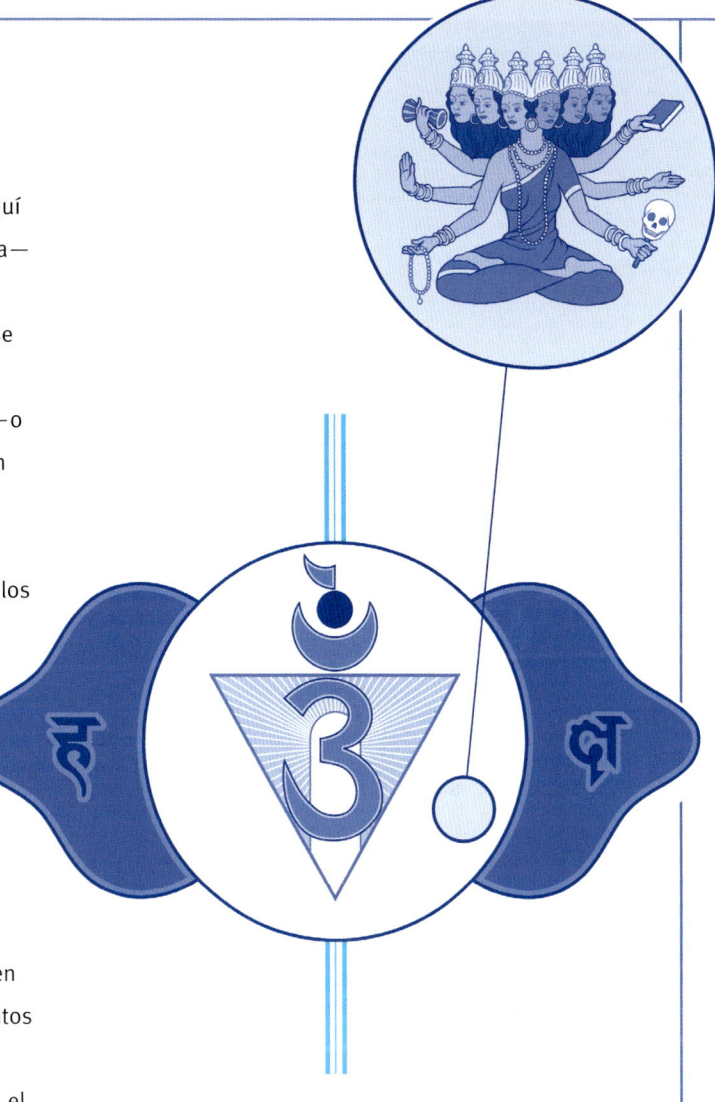

Deidad: Sakti Hakini

Sakti Hakini combina un doble aspecto femenino-masculino. Ella/él es blanca como la Luna, con seis caras rojas. En las manos lleva un tambor (el pulso de la vida), una calavera (que nos recuerda que debemos mantener la mente vacía), un mala (empleado para llevar la cuenta cuando se entonan mantras) y un libro (que representa la sabiduría), mientras las otras dos manos hacen los gestos de disipar el miedo y otorgar bendiciones.

Deja que se vuelva un sonido de «u» mientras resuena desde las regiones frontales. Luego, cuando cierras la boca y entonas la «m» nasal, completas el *Aum*. Termina tu cántico centrándote una vez más en el sonido interior.

Gemas
La amatista, la apatita morada, la azurita, la calcita, el zafiro, la fluorita, el lapislázuli y el ópalo están asociados a Ajna. La contemplación de cualesquiera de ellas activará el chakra, pero prueba a tumbarte con una sobre la frente.

Aceites de aromaterapia
Prueba el jacinto, la violeta, el geranio, el jazmín, el vetiver, la albahaca, el pachulí, el romero o la menta. Usa estos aceites, como ya se ha descrito, y sitúate un poco en Ajna.

Alimentos
Se sabe que las grosellas negras y los arándanos tienen efectos benéficos sobre los ojos. El ayuno es muy apropiado para activar Ajna, pero debe hacerse únicamente bajo la dirección de un maestro cualificado. No ayunes nunca para perder peso.

Energía equilibrada
Nos sentimos naturalmente atraídos hacia aquellos cuya energía en este punto está equilibrada. Obtienen nuestro respeto sin pedirlo y a menudo son muy humildes. Las demás personas buscarán automáticamente sus sabios consejos y confiarán en su autoridad. A menudo he comprobado que son también muy alegres y divertidos, y disfrutan de una forma excepcional del mundo, que viven en un estado de gratitud feliz. El simple hecho de estar en su presencia alza el espíritu. Se sabe de personas que han sido sanadas por haber estado cerca de ellos y muchos tienen el poder de sanar a distancia. A veces, sus auras son visibles, incluso para personas que no suelen ver otras, porque son extremadamente radiantes, y aparecen como un halo alrededor de sus cabezas. También, en ocasiones, exhalan perfume, como un incienso exquisito (el significado original de la expresión «olor de santidad»).

Cuando Ajna está abierto, existe sabiduría a diferencia de conocimiento, un sentido de armonía en el mundo y una espiritualidad profunda. La introspección está bien integrada. La mayoría de la gente recibe inspiración de este centro sólo en destellos, experiencias transitorias ocasionales, momentos de descubrimiento cuando se descubre la verdad mística de una

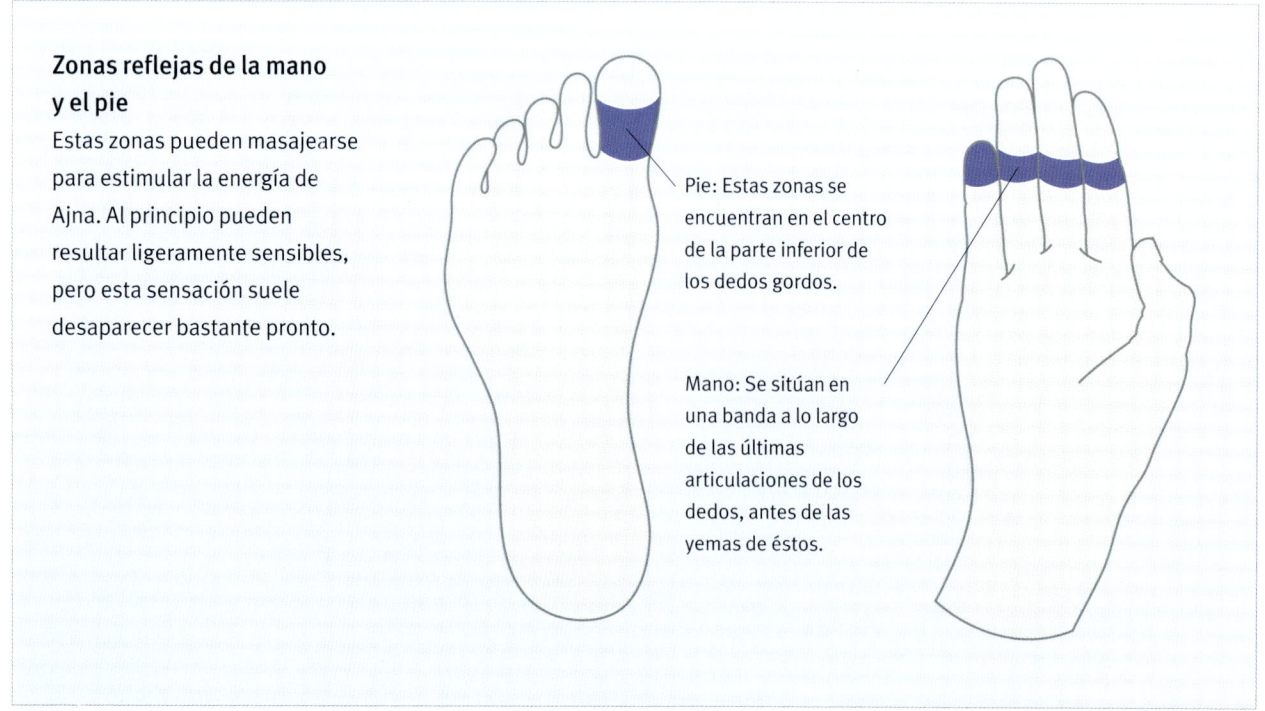

Zonas reflejas de la mano y el pie
Estas zonas pueden masajearse para estimular la energía de Ajna. Al principio pueden resultar ligeramente sensibles, pero esta sensación suele desaparecer bastante pronto.

Pie: Estas zonas se encuentran en el centro de la parte inferior de los dedos gordos.

Mano: Se sitúan en una banda a lo largo de las últimas articulaciones de los dedos, antes de las yemas de éstos.

situación. Una persona que tenga el chakra Ajna completamente abierto vive en un estado de constantes y elevadas consciencia e inspiración. Siempre y cuando mantengan el equilibrio con los chakras menores, de enraizamiento, nunca abusan de sus abundantes poderes psíquicos.

Energía desequilibrada o bloqueada

Esta persona experimenta la vida en el plano material, buscando solaz en las posesiones, sin estímulos para ver más allá de lo mundano. Su mente actúa en líneas racionales y rechaza los significados más profundos. Otorga demasiada importancia a sus búsquedas intelectuales y puede volverse arrogante acerca de lo que sabe. Dedica poco tiempo a la reflexión y cree en el mundo tal y como lo ve, rechazando la espiritualidad. Esto le conduce a sentimientos de insatisfacción, aislamiento y vacío.

Mentalmente puede estar deprimido, padecer dolores de cabeza y sufrir de confusión y pensamientos desordenados. Pueden tener dificultades de aprendizaje, visión deficiente, glaucoma u otros problemas oculares y, en ocasiones, perturbaciones neurológicas.

Sugerencias para equilibrar Ajna

- Pasa tiempo solo, tranquilo, reflexionando.
- Mira el cielo estrellado y contempla el vacío.
- Mantén una práctica regular de yoga y meditación o tai chi.
- Toma alimentos ligeros, sattvic; termina siempre tus comidas con la sensación de que podrías comer un poco más.
- Evita dormir demasiado. Sigue los ritmos naturales del día.
- Practica la generosidad; piensa primero en los demás, siempre.
- Hazte más consciente de tus intuiciones y anótalas en un cuaderno especial.
- Percibe cuándo ocurren coincidencias y anótalas.
- Busca los significados más profundos cuando haya sorpresas.
- Entona el sonido «i» en la clave de La o el mantra *Om (Aum)*.
- Ponte en la frente una gota de los aceites de aromaterapia asociados y tócala cuando medites.
- Da la bienvenida al silencio, la quietud y la soledad en tu vida.
- Ponte cosas de olor añil; contempla una de las gemas asociadas o colócatela en la frente mientras estás tumbado. Relájate.
- Huele tus manos después de tocar con ellas una mata de menta.
- Acostúmbrate a pedir consejo regularmente a tu ser superior/cosmos.
- Practica la visualización para Ajna (véase página 155).
- Realiza las posturas o ejercicios de yoga para Ajna (véanse páginas 118-119).
- Recuerda dar las gracias por tus intuiciones y reconoce que has recibido ayuda.

7.º CORONA

sahasrara puerta del vacío

SAHASRARA = CON MIL PÉTALOS

Localización
Corona de la cabeza

Propósito
Unidad, felicidad

Color
Violeta

Símbolo
Un loto de mil pétalos

Vocal
«M», entonada en clave de Si

Energía abierta
Control de las emociones
Concentración clara
Discernimiento
Acción efectiva
Cumplimiento de objetivos
Unidad de los mundos espiritual y mundano
Libertad de mente
Perspicaz
Saludable
Radiante
Modesto
Chistoso
Compasivo
Falta de apego

Energía dormida
Alienación
Depresión
Pensamientos obsesivos
Egocéntrico
Miedoso
Orgulloso
Apegado
Insatisfecho
Enfermedades
Agotamiento
Carencia de conexión con el espíritu
Se deja arrastrar por las emociones
Carente de motivación
Controlador
Poco generoso

Localización

Tradicionalmente se ha dicho que Sahasrara estaba localizado en la corona de la cabeza. Este chakra también puede percibirse con el tacto. Para hacerlo, coloca tu mano sobre tu cabeza, unos cuatro dedos por encima de la corona, durante unos segundos. La energía del «chakra» Sahasrara irradia hacia arriba y también recibe energía universal que desciende del cosmos. En sentido estricto, Sahasrara no es realmente un chakra, sino más bien un área de la divina consciencia a la espera de ser liberada.

Propósito

El propósito de Sahasrara es engendrar la unidad y la felicidad. En Sahasrara alcanzamos la cumbre del potencial humano de espiritualidad. Su función es, nada más y nada menos, que la unión con lo divino, una fusión del ser con las energías cósmicas del multiverso que aporta un estado interior de felicidad e iluminación.

Se ha escrito poco acerca de este chakra, de esta consciencia divina, porque sólo los realmente iluminados pueden conocerlo y, paradójicamente, no suelen hablar de él.

En Ajna (véanse páginas 64-69), Shakti y Shiva (Ida y Pingala, yin y yang) se unen en el Sushumna (véanse páginas 16-17). En Sahasrara, el lugar donde el Sushumna se eleva por encima de los seis primeros chakras siguiendo la línea de la columna vertebral y llegando a la corona, la energía unificada se conecta con la energía cósmica o celestial, que ofrece el potencial del conocimiento último y la liberación de las ataduras del mundo.

Conocido como «puerta del vacío», residencia de Shiva, cuando Sahasrara se abre se disuelven los conceptos de «tú» y «yo», apareciendo una comprensión inigualable de la verdadera naturaleza de las cosas. Se dice que Sahasrara brilla con el fulgor de decenas de millones de soles, con la frescura de decenas de millones de lunas. Son descripciones que pretenden ampliar las fronteras de tu imaginación, porque aquí la consciencia está expandida más allá de cualquier posible descripción: es un conocimiento vasto, ilimitado, fuera de los reinos de las palabras o el intelecto. Los hindúes llaman a este estado de iluminación Moksha (liberación); los budistas, nirvana (cese del deseo); los sufíes, Boga (unión con Dios), y los yoguis, samadhi (unión).

Esta unión es el fin último de todas las prácticas de yoga. *Yoga* significa «unión»; no es solamente un método de doblar tu cuerpo en formas curiosas. Nuestro propósito debería ser acercarnos a este estado de felicidad a través de un camino de descubrimiento gradual (véanse páginas 12-13 y 21).

Color

Aunque el color predominante que irradia de Sahasrara es el violeta, sincroniza con todos los colores y a menudo irradia blanco y dorado. Suele representarse en pinturas religiosas tradicionales, en particular en iconos, como un estilizado halo dorado que rodea las cabezas de los santos. A veces es visible para personas que no suelen ser clarividentes, reluciendo alrededor de las cabezas de individuos profundamente espirituales.

Elemento
No hay ningún elemento específico asociado con Sahasrara.

Sentido
No hay ningún sentido específico asociado con Sahasrara.

Edad
No puede atribuirse ninguna edad a Sahasrara, dado que la iluminación puede ocurrir a cualquier edad y surge por la gracia. Todos tenemos el potencial de alcanzarla a lo largo de nuestra vida presente. Ya hemos experimentado este estado en menor medida, cuando éramos bebés, antes de que se cerrara la fontanela. ¿Alguna vez te has percatado de que existe algo muy especial en el aura de un recién nacido?

Cuando una persona va a morir, es corriente que su pulso se equilibre totalmente, aunque sólo sea durante los últimos minutos. En Japón, este fenómeno se conoce como los últimos rayos del sol poniente y yo creo que puede estar relacionado con un regreso a este estado de felicidad.

Conexiones físicas
El córtex cerebral, el cerebro y todo el cuerpo en su conjunto están asociados con el chakra Sahasrara. Por ello, podemos suponer razonablemente que se experimenta una carencia de armonía en Sahasrara siempre que existan perturbaciones neurológicas.

Glándula
La misteriosa glándula pineal (epífisis) recibe su nombre de su forma de piña. Es la glándula asociada para Sahasrara. Esta glándula es también comúnmente conocida como el tercer ojo. Es responsable de la segregación de melatonina en la corriente sanguínea. Esta hormona simple, aunque vitalmente importante, es la que comunica los niveles de luz a diversas partes del cuerpo. La melatonina controla nuestros ritmos biológicos y afecta al sueño y a la reproducción. Los niveles de melatonina en la sangre ascienden bruscamente durante las horas de oscuridad.

La glándula pineal es de pequeño tamaño, mide aproximadamente un centímetro de longitud en las personas, y está situada en la comisura central, unida al extremo posterior del tercer ventrículo del cerebro. Durante la pubertad, ya muestra signos claros de calcificación. Parece que está conectada con nuestra imaginación y creatividad, unas características especialmente dominantes en los niños pequeños. ¿Sería posible que existiera una conexión entre la calcificación de la glándula pineal y la polarización de puntos de vista y actitudes?

Sonido
El sonido de Sahasrara es el silencio.

Vocal
El sonido vocálico asociado con Sahasrara es «m», que debería entonarse en Si. (En India, la «m» se considera una vocal.)

Mantra
Sahasrara no tiene mantra.

Gemas
El cuarzo transparente, la amatista, el diamante, el jade blanco, la turmalina blanca, el cuarzo nevado, el diamante Herkimer, la alejandrita y el zafiro están asociados con Sahasrara. Todos ellos, cualquiera que sea el que te elija, pueden colocarse justo encima de la corona mientras estás tumbado sobre una colchoneta en relajación profunda, o puedes contemplarlos para meditar.

Aceites de aromaterapia
Ponte dos o tres gotas de cualesquiera de los siguientes aceites en la corona antes de meditar, o utiliza los aceites en un quemador durante la meditación: olíbano, lavanda, incienso, palisandro o loto. La resina del árbol de olíbano es el incienso más clásico.

Alimentos
No hay ningún alimento concreto asociado con el chakra Sahasrara. Las personas con un Sahasrara abierto comen con moderación y compasión hacia otros seres vivos, tomando solamente lo que necesitan para sobrevivir.

Energía en Sahasrara
Para este chakra es más apropiado hablar de energía abierta o dormida.

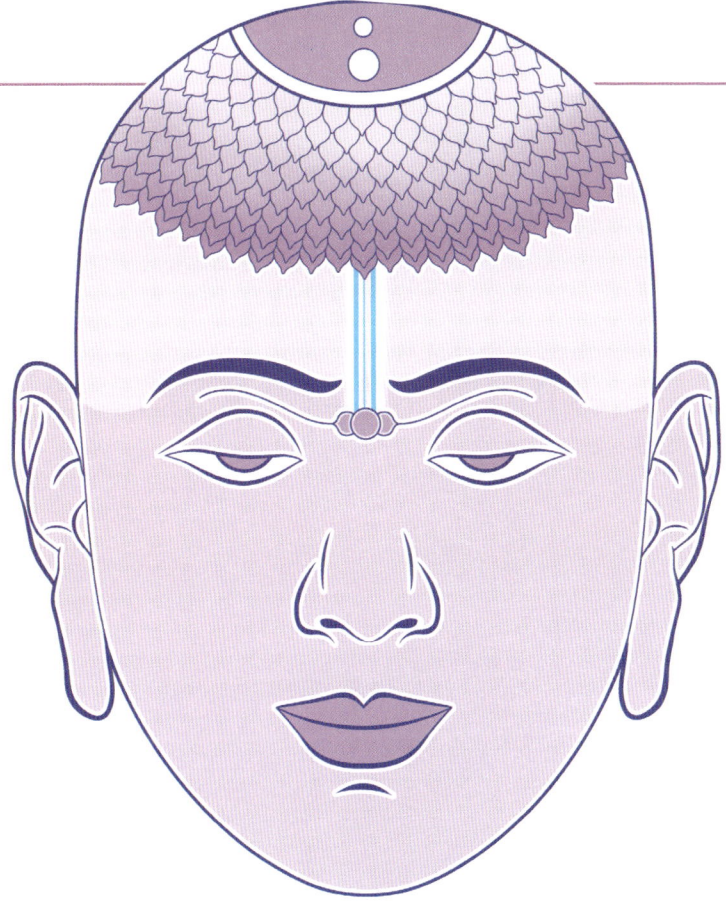

El símbolo de Sahasrara

La lluvia de fuerzas cósmicas que cae sobre el individuo se simboliza mediante un loto blanco totalmente abierto, con múltiples capas y mil pétalos, en la corona de la cabeza. Cada una de las capas contiene cincuenta letras sánscritas. Los pétalos internos brillan con luz blanca salpicada de oro. En el pericarpio del loto se encuentra un mandala de Surya y Chandra, el Sol y la Luna.

Dentro del mandala de la Luna vemos un triángulo con aspecto de rayo que se dice que es tan fino como la centésima parte de la fibra del loto. Dentro de él está el Nirvana-kala, tan sutil como una milésima parte de la punta de un pelo. El Nirvana-kala otorga el poder del conocimiento divino y es tan brillante como la luz de todos los soles. Como las capas de una cebolla, en el interior del Nirvana-kala está el para bindhu (que contiene todo lo que ha sido creado) con Shakti y Shiva, y dentro de esto el vacío. No es accidental el hecho de que también el símbolo esté más allá de una posible representación sencilla y suele mostrarse simplemente como un loto abierto.

Deidad: Shiva

El chakra Sahasrara, conocido como «la residencia de Shiva», la fuerza masculina, es el lugar donde las polaridades magnéticas de Shakti, la fuerza femenina, madre de la forma, se unen con Shiva, la consciencia.

Energía abierta

Cuando Sahasrara se abre, salimos de la prisión de ilusiones en que habitamos la mayoría de nosotros; el mundo terrenal y el espiritual se unen como en una fusión nuclear, y transforman la consciencia humana.

Esto puede suceder de repente, como una fruta madura que cae del árbol cuando llega su momento. Una disciplina espiritual regular seguida durante muchos años, y una vida vivida con consideración hacia el resto de los seres vivos y hacia el planeta, aumentan la posibilidad de obtener un estado de iluminación. Todos llegamos a este mundo en diferentes etapas de desarrollo. Así, un bebé puede tener muchas vidas de desarrollo espiritual tras él en el momento de su nacimiento y puede nacer iluminado o alcanzar este estado a muy temprana edad.

A veces ocurre que, durante la apertura gradual de Sahasrara, las personas atraviesan una crisis espiritual, una especie de negra noche del alma, ocasionada por la disolución del ego. Cuando una cebolla crece, las capas exteriores se pudren y huelen mal mientras van alimentando el rebrote que se está desarrollando. Del mismo modo, el loto se desarrolla y crece en el barro putrefacto del fondo del estanque. Estas crisis, que tienen lugar cuando las cosas presentan un aspecto embarrado y pútrido, nos hacen sentir confusos, inconscientes, con miedo a la aniquilación, o en otras ocasiones deseándola, y son a menudo mensajes para que observemos más profundamente en nuestro interior. Si estas señales de que descansemos y profundicemos no se tienen en cuenta o se confunden, puede perderse una oportunidad.

La persona iluminada ya no se ve afectada por las olas de emociones conflictivas, a las que proporciona un aura de tranquilidad. Aunque son sensibles a su propio estado mental y al de otras personas, tienen el control y experimentan unas conexiones con los demás más profundas y con más significado. Físicamente, su cuerpo es saludable, radiante. Al igual que las personas que tienen abierto el chakra Ajna, tienen grandes poderes de discernimiento y un aire de autoridad en la que se puede confiar. Son modestos, simpáticos, compasivos, líderes espirituales que no buscan los focos ni los adornos de la fama. Probablemente siguen una disciplina regular como el yoga, la meditación o la oración, y son infinitamente amables, generosos y sabios. Sus habilidades psíquicas son muy fuertes

Zonas reflejas de la mano y el pie

Estas zonas pueden masajearse para estimular la energía de Sahasrara. Al principio pueden resultar ligeramente sensibles, pero esta sensación suele desaparecer bastante pronto.

Pie: Estas zonas se encuentran en la punta de los dedos.

Mano: Las zonas correspondientes en la mano son las puntas de los tres dedos centrales.

y, cuando desean saber algo, solamente tienen que dirigir su atención hacia ello para que les lleguen las respuestas.

Cuando el chakra corona, Sahasrara, se abre, se disuelve cualquier bloqueo que pudiera existir en los seis chakras inferiores y la energía vibra en todos ellos con la frecuencia más alta posible. La corona deja de absorber energía cósmica y comienza a irradiar energía hacia arriba y hacia fuera. Al fin se conoce el verdadero ser, como si el individuo se despertara de un sueño. El corazón se abre y todo es uno, el Ser Divino está tanto dentro como fuera, la parte personal del omnipresente Ser puro.

Se cuenta la historia de un estudiante de budismo tibetano que preguntó a un maestro iluminado, un lama Geshe, cómo experimentaba el mundo. Después de todo, el lama siempre se estaba riendo. El lama chasqueó los dedos y, al momento, el escenario gris que los rodeaba se transformó en un mundo celestial de sol, flores, animales y pájaros sin miedo y arroyos refulgentes.

Energía dormida

Para la mayor parte de nosotros, las ansiedades, miedos y dudas dominan, en diferentes grados, por lo menos algunas etapas de nuestras vidas. Estas preocupaciones pueden deberse al estatus social, la salud, el abandono, nuestras finanzas, la vida emocional o cualquier otra cosa. Experimentamos problemas de salud, depresión, insatisfacción, ambición; es una lucha para imaginar la unidad cósmica. Podemos carecer de la disciplina necesaria para mantener una práctica espiritual regular y no hacemos caso de nuestras intuiciones por miedo o falta de confianza. Los sucesos que tienen lugar a nuestro alrededor nos turban, nuestras vidas parecen estar llenas de frustración y tensiones. Deberíamos tener en cuenta que el potencial para vencer estas dificultades siempre está ahí. La iluminación, y por tanto la libertad frente a todo lo anteriormente reseñado, son posibles para todos nosotros.

Sugerencias para abrir Sahasrara

- Date el tiempo necesario para experimentar la naturaleza, especialmente desde lo alto de una montaña.
- Pasa tiempo en silencio total.
- Lleva a cabo retiros con regularidad.
- Come con moderación, tomando solamente lo que necesitas.
- Duerme con moderación.
- Practica un estilo de vida ético.
- Mantén una práctica regular de yoga, tai chi u otra similar.
- Practica pranayama con regularidad (véanse páginas 137-143).
- Medita regularmente, al menos una vez al día.
- Practica la visualización para Sahasrara (véase página 155).
- Prueba las posturas (asanas) de las páginas 120-123.
- Mantén una amabilidad amorosa en todo momento.

3 | los chakras menores

Hoy en día es corriente el conocimiento de los siete chakras principales. Menos habitual es, sin embargo, que la gente sepa acerca de los chakras menores, a pesar de que su funcionamiento saludable es fundamental para el crecimiento y la sanación espirituales. Janet Swan, una sanadora del Cancer Help Centre de Bristol (Inglaterra), afirma que ni siquiera puede empezar a trabajar en los siete chakras principales mientras la energía de los menores no haya sido liberada y fluya correctamente, puesto que este libre flujo parece ser un requisito imprescindible para que los siete chakras principales respondan. Cada punto de acupuntura (y existen 327 solamente en los 14 meridianos principales, además de otros muchos en la cabeza y la oreja, y otros que no están situados en meridianos específicos) es un minichakra, algunos más poderosos que otros. No es necesario describirlos todos, pero a continuación comento algunos de los chakras menores más significativos. Empezando el viaje al sur del mapa corporal, bajo los pies, recorreremos todos ellos, subiendo por el cuerpo hasta que lleguemos a un punto por encima de la corona de la cabeza.

Chakras de la cabeza

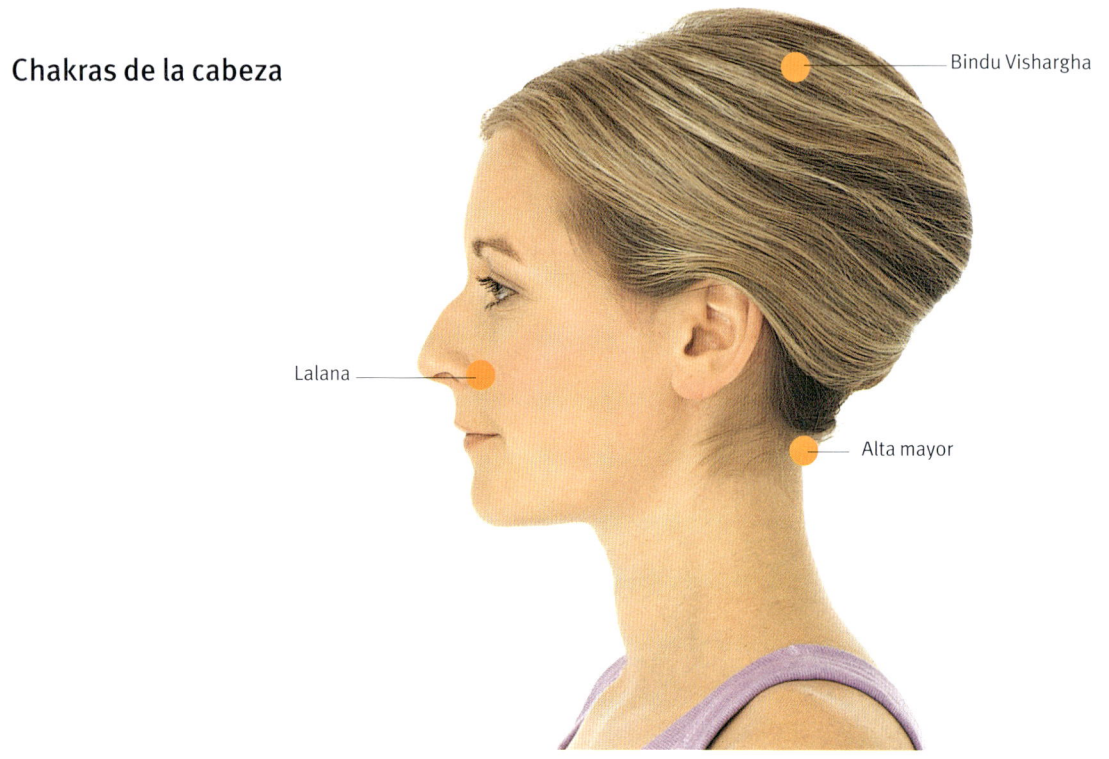

Chakras del cuerpo

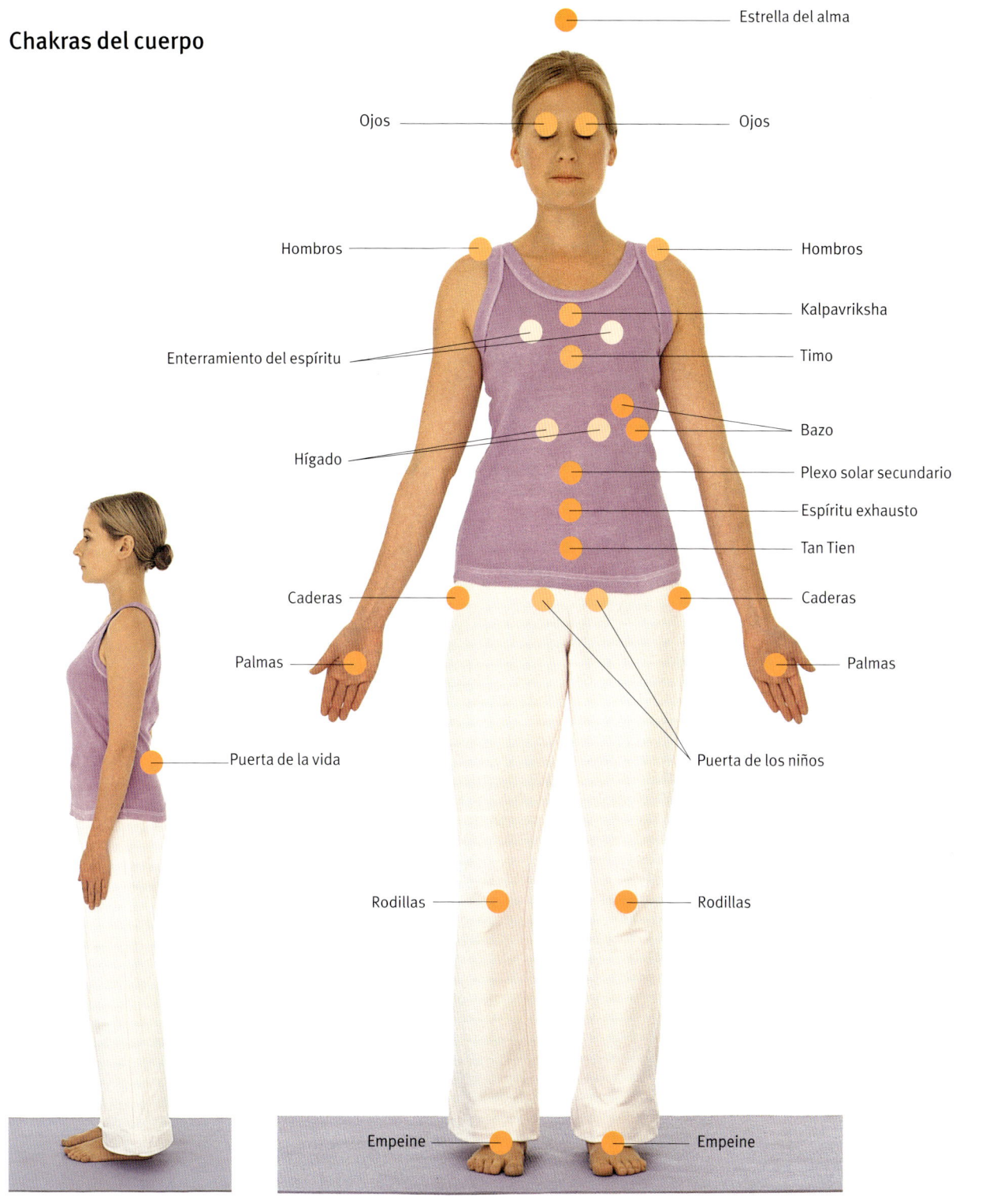

los ejercicios

Resulta extremadamente beneficioso activar los chakras menores utilizando diferentes ejercicios. Algunos de éstos son físicos y otros emplean técnicas de visualización para dirigir la atención a lugares concretos. Los ejercicios que se explican a continuación y en las páginas siguientes estimulan varios chakras menores importantes. También puedes practicar los ejercicios de calentamiento que encontrarás al principio del siguiente capítulo.

CHAKRA DE LA ESTRELLA DE LA TIERRA

Está situado a unos 23 cm por debajo de los pies, en línea recta con el chakra base y Sahasrara. La estrella de la tierra nos aporta enraizamiento, nos conecta con el entramado magnético de la Tierra y concentra nuestra energía. Las energías espirituales superiores requieren un anclaje constante por medio de este chakra. Podríamos afirmar que, tal y como es abajo, así es arriba.

1 De pie y con los pies separados a una distancia equivalente a la anchura de las caderas, cierra los ojos y visualiza la estrella de la tierra que se encuentra justo debajo de ti, conectándote con el planeta.

CHAKRAS DE LOS EMPEINES

Los sanadores sienten la energía de este chakra situado en el empeine, sobre el arco del pie, cogiendo los pies o colocando ambas manos por encima de ellos. Aquí se encuentra el punto del que brota el meridiano del estómago, Chungyan («Yang que se precipita»). Los meridianos del elemento tierra nos enraízan y, a menudo, nos sentimos ansiosos cuando están bloqueados o débiles. Directamente debajo del arco del pie, en la planta, se encuentra Yungchuan («arroyo burbujeante»), el primer punto del meridiano del riñón, donde un abundante flujo de energía asciende burbujeante para refrescarnos. Yo creo que los sanadores se conectan al mismo tiempo con este punto a través del pie. Recuerda que el elemento agua nos ayuda a expresar el miedo de forma adecuada. Si equilibramos el flujo de energía de este chakra nos podremos sentir menos desconectados y temerosos.

En resumen, un bloqueo de energía en este punto puede impedir que las personas alcancen todo su potencial. Pueden sentirse inseguras, como si el universo no les apoyara. Los chakras de los pies se ven seriamente afectados por tratamientos sanitarios radicales del tipo de la quimioterapia y la radioterapia, y son a menudo una zona de debilidad para los signos astrológicos de aire (Géminis, Acuario y Libra). También los nativos de Piscis se benefician del enraizamiento.

1 De pie y con los pies separados a una distancia equivalente a la anchura de las caderas, estira los dedos de los pies, equilibra tu peso por igual entre la base de los dedos y los talones, y siente tu conexión con el suelo.

2 Cierra los ojos e imagina que recibes un abundante flujo de energía desde la tierra a través de Yungchuan, en las plantas de los pies.

CHAKRAS DE LAS RODILLAS

Las personas cuya energía en los chakras de las rodillas está bloqueada pueden ofrecer resistencia a dar el siguiente paso. Las manifestaciones físicas pueden incluir hinchazón en las rodillas, dolor y crujidos, debilidad o rigidez. Por debajo de las rótulas existen puntos significativos de acupuntura, al igual que en la parte posterior de las rodillas: Weichung («centro del equilibrio»), el punto de tierra del meridiano de la vejiga, que tiene el efecto de traer a tierra los miedos, y Yinku («valle del yin»), en el meridiano del riñón, que da un enorme impulso al elemento agua y, por tanto, valor.

1 Colócate de pie, cómodamente, con las piernas juntas. Asegúrate de que tienes mucho espacio libre a tu alrededor. En primer lugar, transfiere tu peso al pie izquierdo y sacude y agita tu rodilla derecha para destensarla. A continuación, realiza lo mismo con la otra pierna, transfiriendo tu peso al pie derecho.

2 De pie y con las piernas juntas, inclínate ligeramente hacia delante y frota con las manos ambas rodillas con fuerza, por detrás y por delante.

3 Ahora, manteniendo las piernas juntas y con las manos en las rodillas, realiza círculos con éstas nueve veces en una dirección y otras nueve en la dirección contraria.

4 A continuación, colócate en posición erguida y siente el aumento de la circulación en las rodillas. Repite unas cuantas veces a medida que te vayas haciendo más experto.

CHAKRAS DE LAS PALMAS DE LAS MANOS

Existe un chakra en el centro de la palma de cada mano, asociado con un punto en el meridiano de circulación del sexo, conocido como Lao Gong («palacio del agotamiento»). Este punto de fuego de un meridiano de fuego revive el espíritu exhausto, aquel que ya no puede sentir ninguna alegría, una emoción que está controlada por el elemento fuego. Regula el chi, elimina el exceso de calor y estimula una vida sexual debilitada.

Los sanadores emplean su propio chakra de la palma para dirigir energía hacia sus pacientes. Resulta bastante fácil sentir la energía de este chakra uno mismo, como descubrirás si realizas el simple ejercicio que explicamos a continuación. Ya la empleas de forma inconsciente siempre que te frotas una zona dolorida, das una palmada en la espalda a un amigo o tomas de la mano a la persona amada.

1 De pie y con los pies separados a una distancia que te resulte cómoda, frótate las manos con fuerza.

2 Extiende las manos al frente, a unos 80 cm una de la otra, y cierra los ojos.

3 A continuación, acerca las manos una a la otra despacio y para cuando percibas resistencia. Éste es tu chi, o prana, que se proyecta hacia fuera desde los chakras de las palmas. A menudo se siente como un globo invisible que tuvieras entre las manos; disfruta jugando con él. Prueba a realizar este ejercicio en semioscuridad y puede que veas brillar tu prana.

CHAKRAS DE LAS CADERAS

El meridiano de la vesícula biliar atraviesa las caderas y está asociado con el enfado y la toma de decisiones. Se tienen informes de pacientes que han empezado a dar patadas cuando el sanador estaba trabajando esta zona, lo que podría indicar que habían sufrido un abuso físico o emocional en algún momento de sus vidas. Yo he conocido a pacientes que estaban reprimiendo el enfado o luchando por tomar una decisión, que presentaban problemas en las caderas, tales como ciática, y mostraban inflexibilidad mental además de física.

1 De pie y con los pies separados, transfiere el peso a tu pie izquierdo, sube los brazos a la altura de los hombros y balancea tu pierna derecha hacia delante y hacia atrás. Repite cinco veces y, a continuación, realiza lo mismo con la otra pierna.

2 De pie sobre tu pie izquierdo, eleva tu pierna derecha lateralmente cinco veces. Repite hacia el otro lado.

3 Coloca las manos sobre las caderas y realiza círculos con éstas unas cuantas veces en cada dirección.

CHAKRA DE LA PUERTA DE LOS NIÑOS
Abdomen inferior

En el meridiano del riñón, cerca de la superficie del cuerpo, existen puntos de acupuntura por encima de los ovarios de las mujeres. Su estimulación puede ayudar a mujeres supuestamente no fértiles a concebir, además de corregir el funcionamiento de los testículos en los hombres. Trabajar en estos puntos ayuda a equilibrar Svadisthana (véanse páginas 32-39).

1. Túmbate sobre una colchoneta, en la postura relajada que mostramos, y coloca tus manos con suavidad sobre estos puntos. Visualiza una luz naranja, sanadora, en esta zona. (Si estás tratando de concebir, envía calor y luz a esta zona e imagina que una puerta se abre a tu niño.)

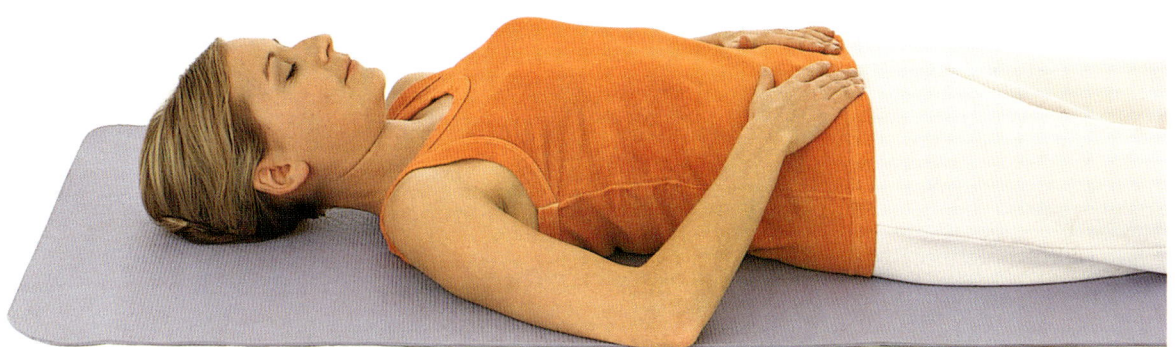

CHAKRA TAN TIEN
(Hara)

Entre dos y tres dedos por debajo del ombligo se encuentra un importantísimo almacén de energía, como un depósito de reserva, conocido como Tan Tien (pronunciado «dan dien») en China y Hara en Japón. A pesar de que hay una serie de puntos de acupuntura a lo largo de la línea media que baja desde el ombligo hasta la parte superior de la sínfisis del pubis, yo asocio este chakra con Chihai («mar de chi»). Centro crucial del equilibrio en todos los niveles, estimula un sentido de propósito y conecta con fuerza con el chakra plexo solar, Manipura. Cuando necesites sentirte físicamente estable (mientras esquías, por ejemplo), o emocionalmente estable (durante un examen), presta atención en este punto.

1. Colócate de pie, con los pies separados a una distancia equivalente a la anchura de las caderas y con los brazos relajados a ambos lados del cuerpo.

2. Dobla ligeramente las rodillas y, manteniéndolas dobladas, respira hacia el Tan Tien y luego hacia atrás, hacia el coxis. Intenta generar la sensación de estar «echando el ancla».

CHAKRA SHENCHUEH
Espíritu exhausto

En el centro del ombligo, Shenchueh («espíritu exhausto») es tan poderoso que está prohibido clavarle agujas. Sin embargo, tiene el potencial de devolver a las personas de las profundidades de la depresión y se estimula, colocados en el ombligo, quemando conos de hierba moxa relleno de sal o sobre una porción de jengibre fresco. Puede hacer revivir los espíritus más exhaustos y devolverlos desde el borde del abismo, dando apoyo cuando la energía de Manipura está debilitada.

1. Túmbate, en postura relajada, con la mano izquierda sobre el ombligo y la derecha descansando encima de ella. Visualiza una luz dorada que te calienta la zona del ombligo y envía su brillo hacia la zona posterior.

CHAKRA MING MENG
Puerta de la vida

Ming Meng («puerta de la vida»), el lugar donde Manipura se proyecta hacia atrás, está situado entre la segunda y la tercera vértebras lumbares. Tratarlo es como poner una mano de apoyo sobre la espalda de alguien, ayudándole a avanzar.

1 Sitúate de pie y con los pies separados a una distancia que te resulte cómoda. Cierra los puños y masajea la región lumbar para calentarla. Emplea solamente la presión necesaria para generar un suave calor en la zona tratada. Continúa durante unos minutos o todo el tiempo que puedas.

CHAKRAS DEL BAZO

Están situados por encima del bazo, en la caja torácica. El meridiano del bazo controla el libre movimiento de sustancias (como la sangre y la linfa) por todo el cuerpo y nuestra habilidad para entrar en acción. Su momento de máximo funcionamiento es entre las nueve y las once de la mañana. También favorece la correcta expresión de sí, un concepto sánscrito que suele traducirse como «compasión». Podemos encontrar señales de que este chakra está débil en fluidos estancados en el cuerpo (venas varicosas, tobillos hinchados), en una naturaleza excesivamente compasiva o martirizada, en una falta de compasión y en la hipocondría. Los chakras del bazo también afectan a la energía sexual. No es extraño que una persona que tenga la energía del bazo débil esté encorvada, con un aspecto en cierto modo desinflado.

1 De pie y con los pies separados a una distancia que te resulte cómoda, coloca las manos sobre los chakras del bazo, cierra los ojos y realiza unas cuantas respiraciones yóguicas profundas dirigidas hacia esta zona. Al realizarlas, imagina una luz dorada que se conecta hacia los órganos sexuales formando un triángulo.

CHAKRA CHUNGWANG
Chakra secundario del plexo solar

Este chakra está relacionado con el punto de acupuntura conocido como Chungwang, en la línea central del meridiano vaso de la concepción. A grandes rasgos, puedes localizarlo a unos cuatro dedos por encima del ombligo. Es uno de los principales centros de energía, el punto de encuentro de los cinco órganos yang y el punto de reunión de los órganos huecos. Cuando la energía en esta zona está equilibrada, la expresión de las emociones fluye con más libertad previniendo, así, los bloqueos y la congestión.

1 De pie y con los pies separados a una distancia que te resulte cómoda, cierra los ojos y respira profundamente en Chungwang (el chakra secundario del plexo solar). Al realizarlo, imagina que la zona vibra con luz dorada y energía.

CHAKRA CHIMEN
Puerta de la esperanza

Estos puntos del meridiano del hígado reposan en el primer «golfo» de la caja torácica, siguiendo las costillas desde la cintura hasta el lugar donde se juntan. Están en un nivel ligeramente por encima del chakra secundario del plexo solar. Nos ayudan a expresar el enfado y a ser previsores. Un bloqueo en esta zona puede dar como resultado una fuerte depresión. Cuando se tratan pueden, literalmente, hacer revivir la esperanza y liberar el enfado.

1 De pie y con los pies separados a una distancia que te resulte cómoda, sigue con los dedos la línea de la caja torácica, a partir de la cintura, hasta que llegues al primer «golfo». Masajea suavemente la zona con las yemas de los dedos. A continuación, permite que tus manos reposen unos minutos encima de los puntos y visualiza un rayo de luz verde que sale de unas puertas abiertas bajo tus manos.

CHAKRA KALPAVRIKSHA
Árbol Kalpa

Conocido como el árbol celestial que produce todo cuanto se desea, Kalpavriksha se encuentra situado justo encima del chakra corazón y se puede decir que es el nivel más sutil de Anahata. Su descripción en los textos antiguos describe una luminosa isla de gemas con un maravilloso árbol y un enjoyado altar cubierto por un toldo adornado con banderas. Se dice que otorga nuestros deseos y, paradójicamente, cuando se despierta, el deseo de nuestro corazón es la felicidad y el bien para los demás. Sólo puede abrirse cuando Anahata ya lo ha hecho, y yo asocio esta apertura con el relajamiento final del nudo vishnu granthi (véase página 20).

1 De pie y con los pies separados a una distancia que te resulte cómoda, masajea 21 veces, y suavemente con las yemas de los dedos, la zona situada entre los senos, o en el centro del pecho en un hombre, justo encima del corazón: las mujeres en el sentido de las agujas del reloj; los hombres, en sentido contrario.

2 Reposa la mano en este lugar, visualiza el árbol Kalpa y envía buenos deseos a todas las criaturas vivientes.

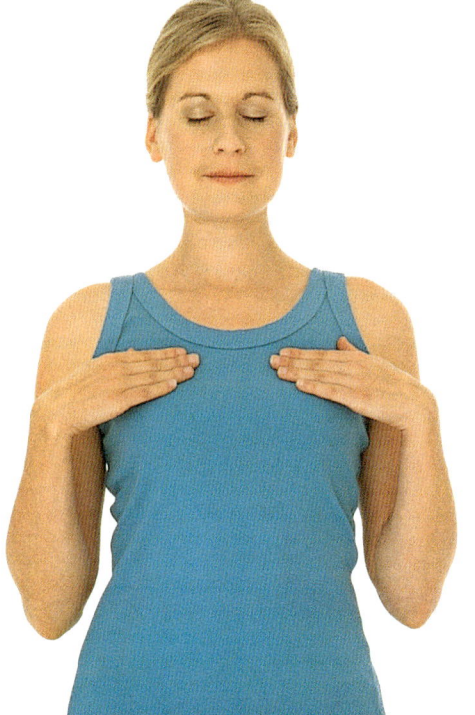

CHAKRA LINGHSU
Cementerio del espíritu

Existen unos puntos bilaterales en el meridiano del riñón, sobre el pecho, justo encima de la zona de los senos (véase página 77), que se conocen como el cementerio del espíritu. En ocasiones este nombre ha sido traducido como «cueva milagrosa». También estos puntos pueden hacer revivir el espíritu, haciéndolo regresar del borde del abismo.

1 De pie y con los pies separados a una distancia que te resulte cómoda, coloca las yemas de los dedos sobre estos chakras. Visualiza una sanadora luz azul que gira entre tus dedos, penetrando profundamente en tu pecho y sanando todo daño emocional que puedas padecer.

CHAKRA DEL TIMO

El chakra del timo se encuentra situado justo encima de Kalpavriksha, en el centro del pecho, por encima de la glándula del timo. Su etapa más activa es durante la niñez, momento en el que su función es fundamental para el funcionamiento del sistema inmunológico. En los adultos tiende a atrofiarse. Se cree que en civilizaciones antiguas más sintonizadas espiritualmente, la glándula del timo seguía funcionando plenamente en la edad adulta. Este chakra es otro chakra del corazón, de un nivel más alto, en el que personificamos el amor divino y desde el que actuamos con una naturaleza verdaderamente compasiva. Físicamente enlaza con la glándula pituitaria y genera energía.

1 Sentado cómodamente en postura de meditación, cierra los ojos.

2 Respira suavemente y piensa en una persona o algún lugar del mundo donde exista sufrimiento. Visualiza una sanadora luz verde o azul que se vierte desde tu chakra del timo sobre esa persona o lugar.

3 Visualiza cómo la luz se hace más y más fuerte con cada respiración y se recarga en un constante flujo desde el cosmos. Finaliza cuando sientas intuitivamente que el ejercicio está completo.

CHAKRAS DE LOS HOMBROS

Los chakras de los hombros están muy relacionados con el elemento metal, para aferrarse a la pena, al arrepentimiento y al pasado. Las malas posturas, con los hombros encorvados o tensos, pueden indicar un bloqueo en estos chakras. Los meridianos asociados, el instestino grueso y el pulmón, pasan a través de ellos. El chakra izquierdo está más relacionado con asuntos kármicos y con el pasado; el chakra derecho, con el presente. A menudo existe un desequilibrio y uno funciona mejor que el otro, produciendo síntomas en un solo lado. En ocasiones, restablecer el flujo de energía en el hombro derecho inspira al paciente nuevas ideas y entusiasmo.

1. Colócate de pie, con los pies separados a una distancia que te resulte cómoda, y date golpecitos en cada uno de los hombros. Golpea suavemente el lateral del cuello hasta que sientas que la circulación comienza a producirte un hormigueo por los hombros.

2. A continuación, rota los hombros hacia delante, hacia arriba, hacia atrás y hacia abajo unas cuantas veces; después, invierte la dirección.

3. Ahora rota los brazos hacia delante cinco veces y otras cinco hacia atrás, aspirando al elevar los brazos y espirando al bajarlos. Siente el resplandor en tus hombros cuando hayas terminado.

CHAKRA DE LA PARTE POSTERIOR DE LA GARGANTA

Dado que es la proyección hacia atrás de Vishuddha, este chakra tiene unas funciones y asociaciones similares (véanse páginas 56-63). Cuando el chakra comienza a abrirse puede producir incomodidad e incluso dolor. A menudo, la energía en este punto es más fuerte en los nativos de Tauro.

1 Siéntate cómodamente con las piernas cruzadas, aspira y, a continuación, baja la cabeza hasta que la barbilla presione contra el pecho, produciendo el cierre de la barbilla. Aguanta la respiración unos segundos y, a continuación, espira. En la siguiente aspiración, sube la cabeza para liberar el cierre de la barbilla. En la página 117 mostramos otro ejercicio excelente.

CHAKRAS LALANA Y BINDU VISHARGHA

Lalana se encuentra en la base del orificio nasal, justo encima de la garganta. Bindu Vishargha está en la parte superior del cerebro, hacia la zona posterior de la cabeza (lugar donde los monjes hindúes tienen una coleta). Estos dos chakras se unen en un triángulo con Vishuddha. Sahasrara segrega gotas de néctar que se unen en el Bindu Vishargha (este nombre significa «caída de gotas») para ir fluyendo, desde allí, hasta Vishuddha. Cuando se despierta Vishuddha, las gotas se purifican y tienen el poder de rejuvenecer todo el cuerpo y otorgar extraordinarios poderes de control sobre el metabolismo corporal. Se sabe que los yoguis utilizan estos poderes para sobrevivir después de haber sido enterrados vivos durante cuarenta días.

Concentrarse en un triángulo de luz que conecte Lalana, Bindu Vishargha y Vishuddha despeja la cabeza cuando estamos cansados y es también muy refrescante para los senos frontales y paranasales.

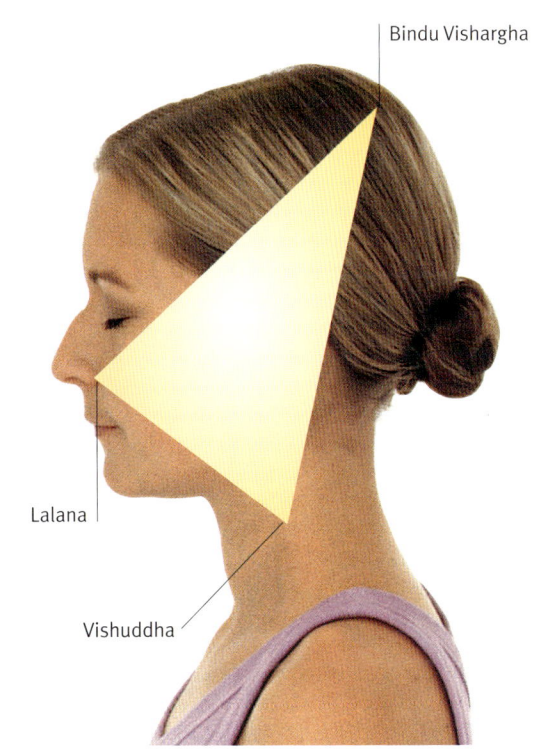

1 Siéntate en una postura de meditación que te resulte cómoda y visualiza una luz dorada que conecte Vishuddha, Lalana y Bindu Vishargha. Imagina el flujo entre los tres puntos mientras respiras suavemente.

CHAKRA ALTA MAYOR

Este chakra, localizado en el bulbo raquídeo, en la parte posterior de la cabeza, irradia el color magenta. Rige las glándulas carótidas de ambos lados del cuello, que controlan la respiración y, por tanto, los niveles de oxígeno del cuerpo.

1 Túmbate cómodamente sobre una alfombra, cierra los ojos para impedir el paso de la luz y relaja todo el cuerpo.

2 A continuación, gira la cabeza suavemente a uno y otro lado, visualizando una potente luz magenta en el lugar en el que tu cabeza toca la alfombra.

CHAKRAS DEL OJO

Estos chakras están situados uno en cada ojo y se asocian a la visión y a la penetración y el discernimiento; el ojo izquierdo hacia el pasado y el derecho hacia el presente. Los ejercicios de ojos para el chakra Ajna (véanse páginas 118-119) también equilibran estos chakras, al igual que el color añil.

1. Sentado cómodamente en postura de meditación, cierra los ojos y respira suavemente.

2. A continuación, frótate las manos con fuerza y cubre con ellas los ojos, sin apretar, impidiendo el paso de la luz. Deja descansar de esta forma tus ojos durante unos segundos, disfrutando de la oscuridad. Repítelo tantas veces como quieras; después, descansa las manos sobre las rodillas, manteniendo los ojos cerrados todo el tiempo.

3. Visualiza una luz añil que te baña ambos ojos, que te aporta claridad y sanación. Abre los ojos cuando sientas que estás listo. (Quizá notes un cambio en tu forma de ver las cosas justo después de realizar este ejercicio.)

CHAKRA SOMA

Soma significa «néctar» o «la Luna». Este chakra está situado justo encima de Ajna, el chakra tercer ojo, en el centro de ésta. Tiene un yantra de una media luna plateada sobre un loto blanco azulado de doce pétalos. Este nutritivo néctar de la Luna (del que se decía tradicionalmente que procedía de Kamadhenu, la vaca que otorga todos los deseos) rezuma constantemente del hueco entre los dos hemisferios del cerebro y fluye hacia el chakra Manipura, donde el fuego solar lo quema. Kamadhenu es una criatura de extraño aspecto: una vaca blanca con cuernos, cara de cuervo, ojos humanos, cuello de caballo, cola de pavo real y alas de cisne blanco.

La realización del mudra khechari (véase a continuación) impide el flujo hacia abajo de las gotas de néctar y se dice que frena el proceso de envejecimiento y aporta felicidad eterna. Permite a la mente del practicante que descanse en el vacío, el espacio entre los dos hemisferios, conocido como la décima puerta del cuerpo.

1. Sentado cómodamente en postura de meditación, cierra los ojos.

2. Gira la lengua hacia arriba, de forma que la punta toque el paladar. Respira tranquilamente. Esto es khechari mudra.

CHAKRA DE LA ESTRELLA DEL ALMA

Este chakra, al que en ocasiones se designa como el octavo chakra, está alineado con Sahasrara, el chakra corona o séptimo chakra, pero suspendido por encima de él. Cuando está completamente abierto, este chakra une a la persona con las energías más elevadas del multiverso y con el alma. A través de él puede llegar mucha sanación y guía para la mente y el cuerpo.

1 Colócate de pie, con los pies a una distancia que te resulte cómoda, los brazos abiertos y las palmas de las manos hacia fuera.

2 Cierra los ojos y visualiza una estrella, a un metro más o menos sobre tu cabeza, que te une con el multiverso.

4 asanas posturas

El yoga es una ciencia. Las posturas de yoga, o asanas, trabajan sobre los órganos internos y sobre la musculatura. A menudo la gente pregunta por qué el yoga le obliga a uno a doblarse para adquirir todas esas extrañas posiciones. La respuesta es que, además de mejorar la flexibilidad y la circulación, los órganos internos obtienen así un entrenamiento. Las posturas de yoga tratan los órganos como si fuesen esponjas, comprimiéndolos; al relajarlos, conseguimos que reciban un aporte de sangre bien oxigenada gracias a la buena respiración que acompaña las posturas (véase «El control de pranayama», página 92). Todo el cuerpo resulta rejuvenecido, incluido el sistema nervioso.

La mayoría de los estiramientos que presentamos a continuación ayudan a alinear el cuerpo y mantienen el sistema óseo fuerte y derecho. Las posturas favorecen la comunicación de los chakras al alinear la columna vertebral y mantenerla derecha mediante una musculatura fuerte que ofrece un buen soporte. La columna vertebral, que transporta la energía sutil del Sushumna por todo el centro del cuerpo, necesita estar derecha para que Kundalini ascienda y para que esas energías puedan fluir libremente hacia arriba y hacia abajo. Piensa en las personas mayores que conoces. Seguro que aquellas que poseen una gran energía son las que tienen la columna vertebral derecha.

Los tendones y ligamentos pueden ser visualizados como los vientos de una tienda de campaña. Cuando la tienda se vence hacia un lado, tiras de los vientos del otro para volver a ponerla derecha. El cuerpo es igual. Cuando las personas desarrollan malas posturas debido al estrés o al estilo de vida, necesitan realinear su cuerpo ajustando los vientos (tendones y ligamentos) y puede que, temporalmente, necesiten trabajar más en una dirección que en la otra.

Antes de empezar a practicar yoga, es conveniente que observes detenidamente tu cuerpo, relajado y desnudo, en un espejo. ¿Tienes los hombros hundidos o, por el contrario, están tensos alrededor de tus orejas? ¿Tienes el vientre distendido, con rigidez en la parte inferior de la espalda (véase recuadro, derecha)? ¿Tienes los músculos de las pantorrillas acortados como consecuencia de llevar tacones altos?

Problemas de posturas habituales

Cuando un músculo está tenso (el tono oscuro muestra los músculos del pecho acortados en la persona A), necesitarás estirarlo más y contraer los músculos opuestos (tonos pálidos). Si no se corrigen éstos, volverás a adquirir la mala postura. En su momento, tendrás que trabajar de forma equilibrada, pero puede que sea conveniente que hagas más flexiones hacia delante y evites las flexiones hacia atrás hasta que estés derecho si tienes el aspecto de la persona B.

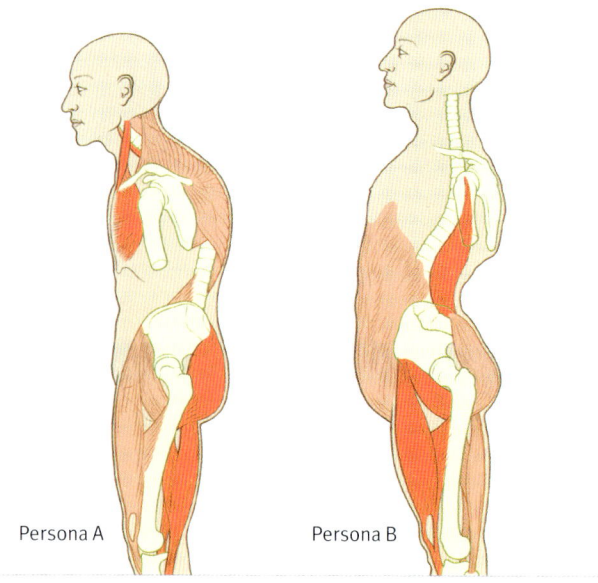

Persona A · Persona B

unas palabras acerca de los asanas

Es cierto que siempre es mejor aprender las posturas, o asanas, de un profesor de yoga debidamente cualificado, pero existen unos pasos que puedes dar cuando los estás aprendiendo en un libro y que facilitarán todo el proceso considerablemente.

La primera vez que practiques los asanas, intenta encontrar algún amigo que te lea las instrucciones mientras intentas hacer las posturas, para asegurarte de que las estás realizando correctamente. Como alternativa, cualquier buena clase de yoga incluirá las posturas de este libro u otras muy similares. Allí puedes imaginarte estimulando los chakras importantes mientras haces los asanas. Cuando incluimos la visualización, añadimos profundidad y concentración a cualquier práctica de yoga, por lo que incluso un yogui experimentado se puede beneficiar de la clase más básica. Una de las características de los yoguis realmente evolucionados es que nunca se quejan de hacer las posturas simples ni sienten la necesidad de competir con los demás, presumiendo.

Al comienzo de esta sección he incluido una secuencia de calentamiento que te recomiendo muy seriamente que no omitas, especialmente si vives en una zona de clima frío. Puede parecer innecesario si tienes prisa, pero lo cierto es que los calentamientos estimulan los chakras menores. Ésa es la razón de que nos hagan sentir tan bien.

Como ya he mencionado, la relajación física es un requisito imprescindible para la apertura de los siete chakras principales. Los calentamientos aumentan la circulación de forma general, mejoran la respiración, calientan ligamentos y tendones, mejoran la flexibilidad en las posturas y la fluidez de las articulaciones, con lo que la práctica se vuelve mucho más fácil y segura. Son tan beneficiosos que, si realmente andas mal de tiempo, podrían sustituir a las posturas, siempre y cuando los realices en un estado mental yóguico y concentrado.

Los yoguis afirman que uno es tan joven como lo es su columna vertebral. Sin embargo, para que ésta alcance la máxima flexibilidad es necesario moverla en todas las direcciones en que es capaz de hacerlo. Cuando elijas qué asanas vas a realizar, selecciona una combinación que flexione la columna vertebral hacia delante y hacia atrás, la rote y la doble hacia los lados. La norma básica es que, cuando muevas la columna en una dirección, debes contrarrestar este movimiento realizando otro en la dirección contraria. Por ejemplo, a una postura hacia delante debe seguir otra hacia atrás; si te doblas hacia un lado, hazlo también hacia el otro. Sigue este consejo a menos que exista una razón médica para no hacerlo, como por ejemplo una ciática.

Dónde practicar

Todo lo que necesitas es un suelo liso, un lugar sin corrientes de aire en el que estés abrigado y cómodo, y que no te molesten. Es difícil mejorar la práctica del yoga al sol en una playa tranquila o, si lo prefieres, en un prado soleado o bajo la sombra de un árbol. Es preferible utilizar una colchoneta o una esterilla. En la actualidad existen alfombrillas «adhesivas» para yoga que evitan que puedas resbalar. Asegúrate de contar con suficiente espacio para poder estirar brazos y piernas en todas direcciones sin chocar contra nada que pueda restringir tus movimientos en los asanas. Una vez dicho esto, a menudo he pensado en escribir un libro sobre el yoga «de tienda de campaña», aquel que necesita muy poco espacio. Es muy aconsejable crear el marco adecuado con velas, incienso y flores frescas; cualquier cosa que favorezca un estado mental tranquilo y centrado.

Cuándo practicar

Elige practicar cuando no estés haciendo la digestión; o sea, no menos de dos horas después de una comida ligera o un mínimo de cuatro horas después de una comida completa. Es imposible realizar los asanas correctamente si se tiene el estómago lleno. Un buen momento para practicar es por la mañana, antes de desayunar, porque esto te preparará para afrontar el día, mejorando el metabolismo, la circulación y la digestión, aportándote claridad mental.

Si lo haces por la noche, elige posturas, como los Cinco Tibetanos, que no te estimulen demasiado.

Cuándo no debes practicar

Cuando estés enfermo (con gripe o algo parecido) es preferible permitir que el cuerpo descanse. Puede ser ideal en estos casos lo que yo llamo «yoga para dormir», que te ayuda a recuperarte. Generalmente se recomienda a las mujeres que, durante la menstruación, eviten los asanas invertidos, pero a menudo estos asanas calman los dolores. Las personas con tensión arterial alta deberían evitar los asanas que coloquen la cabeza por debajo del nivel del corazón. Siempre es preferible ir seguros, por lo que si sufres de algún padecimiento sobre el que no sabes cómo va a influir el yoga, consulta a tu médico antes de empezar.

Hace tiempo, muchos doctores desconfiaban del yoga pero, en la actualidad, la mayoría reconoce sus beneficios para los pacientes y te animarán a que lo practiques. Las personas inválidas pueden realizar muchos de los calentamientos, así como algunas posturas, pero puede que necesiten ayuda y que tengan que adaptar algunas posturas.

Límite de edad

No existe límite de edad para practicar el yoga, pero es mejor empezar de joven. Quedé muy impresionada en mi primera clase de yoga cuando observé que una pareja de más de ochenta años caminaba casi dos kilómetros para asistir a ella y realizaba todas las posturas; lo hicieron cada semana sin faltar nunca. Fue una lección para todo el que quiera aprovecharla: mejorar la flexibilidad es posible a cualquier edad.

El control de pranayama

Los asanas tienen el poder de controlar el cuerpo físico, mientras que el pranayama (*prana* = respiración; *yama* = control) controla el cuerpo sutil, el cuerpo astral, el linga-sarira y el sistema nervioso (véanse páginas 12-15). Los yoguis aprenden conscientemente a combinar asanas y pranayama. En primer lugar, necesitarás aprender las posturas, sin preocuparte demasiado de hacer bien la respiración, para ir gradualmente añadiendo el pranayama. Cuando empieces, puedes realizar una respiración extra siempre que lo necesites y debes intentar mantenerte relajado durante todo el proceso. Pronto descubrirás que la respiración correcta con cada postura se vuelve algo natural. Aporta una dimensión completamente nueva a tu práctica y sentirás unos beneficios mucho mayores, experimentando el poder del verdadero yoga/union.

Como norma, los movimientos de apertura en las posturas (levantar los brazos o arquear la espalda) suelen requerir una inhalación: *puraka*. Los movimientos de cierre (flexiones hacia delante o bajar los brazos) suelen emplear una espiración: *rechaka*. Una respiración contenida, ya sea aspiración o espiración, se denomina *kumbhaka*. El hecho de retener una inhalación da más tiempo a los pulmones a obtener oxígeno y aporta energía; retener una espiración tiene un efecto tranquilizante. La mayoría de las posturas utilizan la respiración yóguica completa. Esto debería hacer que tu abdomen se eleve; cuando sueltas el aire, el vientre se contrae. Una respiración de yoga completa se mueve como si fuera una ola, llenando la parte inferior de los pulmones, expandiendo el pecho y llegando hasta las clavículas. Al espirar, el diafragma se relaja hacia arriba, en dirección a los pulmones, haciendo que el abdomen se contraiga; ello no requiere esfuerzo alguno, puesto que sucede de forma natural. Observa cómo respiran los bebés: ¡suelen hacerlo correctamente! En el próximo capítulo damos detalles completos acerca del pranayama.

Quizá decidas realizar la postura al ritmo de una respiración completa, inhalando mientras te colocas en postura, conteniendo la respiración mientras mantienes la postura y espirando al deshacerla. El fin último es llegar a ampliar gradualmente el tiempo que mantienes las posturas, empleando una inhalación para colocarte, haciendo luego una respiración yóguica tranquila mientras mantienes la postura, y deshaciendo la postura con una aspiración y una espiración al moverte. Existen algunas excepciones, como los Cinco Tibetanos (véanse páginas 124-128), pero no son habituales.

La actitud correcta

Por último, es importante enfatizar la importancia de tener una actitud correcta para la práctica del yoga. Un aspecto de esto es crear el entorno correcto antes de empezar, con un espacio cálido y cómodo en el que no te vayan a molestar.

Es necesaria una cierta cantidad de dedicación para mantener una práctica regular de yoga, pero obtendrás tus beneficios si lo haces. Estos beneficios serán directamente proporcionales a la cantidad de esfuerzo que aportes. El yoga es uno de los mejores caprichos que puedes darte y te ayudará a disfrutar de buena salud en todos los niveles y durante toda la vida.

calentamientos

No te preocupes por los crujidos o chasquidos que puedas oír mientras realizas el calentamiento. A menudo, las personas creen que los producen los huesos, cuando en realidad no son más que fluidos abriéndose paso en las articulaciones de forma repentina al hacerse más viscosos; algo totalmente inofensivo. Haz una breve pausa después de cada movimiento para sentir la diferencia entre la articulación con la que acabas de trabajar y el otro lado.

PIES

Literalmente, nuestros pies nos anclan al suelo. Estos movimientos activan el terrenal chakra base y los chakras menores de los pies.

1 De pie sobre una alfombrilla de yoga, con los pies separados a una distancia equivalente a la anchura de las caderas y que te resulte cómoda, transfiere tu peso al pie izquierdo y da una buena sacudida al derecho. A continuación, realiza lo mismo con el pie izquierdo.

2 Ponte de puntillas mientras aspiras y baja los talones al espirar. Repite este ejercicio tres veces.

3 Camina hacia delante unos cuantos pasos sobre los laterales exteriores de los pies y después hacia atrás, sobre los laterales interiores.

TOBILLOS

Al trabajar los tobillos activamos seis meridianos: los de la vejiga, el riñón, la vesícula, el estómago, el hígado y el bazo.

1. De pie sobre una alfombrilla de yoga, con los pies separados a una distancia equivalente a la anchura de las caderas y que te resulte cómoda, transfiere tu peso al pie izquierdo y gira el pie derecho cinco veces en un sentido y otras cinco en contrario sentido.

2. A continuación, con el peso sobre el pie derecho, repite el mismo ejercicio con el pie izquierdo.

RODILLAS

Las rodillas soportan el enfado inadecuadamente contenido o expresado. Los siguientes ejercicios trabajan sobre los chakras menores de las rodillas para corregir este problema.

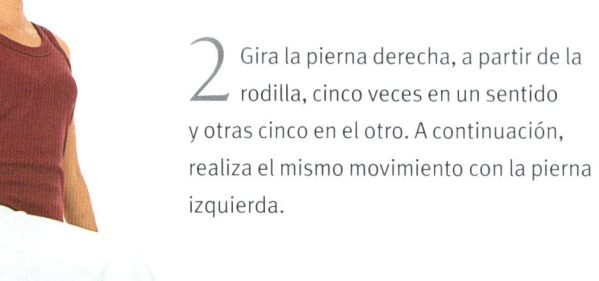

1. De pie sobre una alfombrilla de yoga, con los pies separados a una distancia equivalente a la anchura de las caderas y que te resulte cómoda, transfiere tu peso sobre el pie izquierdo y da suaves patadas con el derecho. A continuación, repite el mismo ejercicio dando patadas con el pie izquierdo.

2. Gira la pierna derecha, a partir de la rodilla, cinco veces en un sentido y otras cinco en el otro. A continuación, realiza el mismo movimiento con la pierna izquierda.

CADERAS

También las caderas soportan el enfado. Al moverlas del modo siguiente suavizamos nuestro carácter y nos hacemos menos inflexibles.

1 De pie sobre una alfombrilla de yoga, con los pies separados a una distancia equivalente a la anchura de las caderas y que te resulte cómoda, transfiere tu peso al pie izquierdo, eleva los brazos a la altura de los hombros y balancea la pierna derecha hacia delante y hacia atrás, empujando con el talón para que la pierna oscile como si fuese un péndulo. Repite este ejercicio cinco veces y, a continuación, realiza lo mismo con la otra pierna.

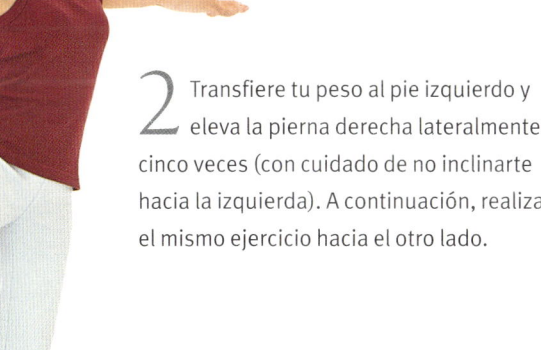

2 Transfiere tu peso al pie izquierdo y eleva la pierna derecha lateralmente cinco veces (con cuidado de no inclinarte hacia la izquierda). A continuación, realiza el mismo ejercicio hacia el otro lado.

3 Coloca las manos sobre las caderas y realiza unos giros en forma de almendra, unas cuantas veces en cada dirección.

CINTURA Y TÓRAX

Estos movimientos permiten que la columna vertebral rote de un modo perfectamente equilibrado.

1 De pie y con los pies separados a una distancia equivalente a la anchura de las caderas, dobla la rodilla derecha y gírate hacia la pierna izquierda. Los dedos del pie izquierdo deben estar levantados y la pantorrilla estirada mientras los brazos se balancean alrededor del cuerpo.

2 A continuación, transfiere tu peso hacia el otro lado, dejando que tus brazos se balanceen alrededor de tu cuerpo, y realiza el mismo ejercicio hacia el lado contrario. Establece un ritmo, a derecha e izquierda, y siente la rotación de la columna vertebral y el estiramiento en la cintura.

HOMBROS

A menudo, nuestros hombros soportan las penas inadecuadamente expresadas o contenidas. Las rotaciones ayudan a liberarlos.

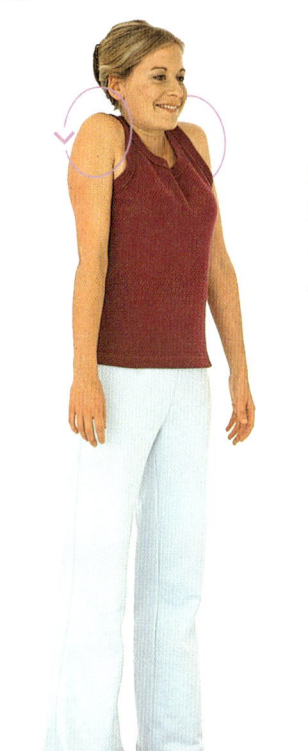

1 De pie, con los pies separados a una distancia equivalente a la anchura de las caderas y que te resulte cómoda, gira los hombros unas cuantas veces en una dirección y, a continuación, otras tantas en dirección contraria.

2 Extiende los brazos hacia delante y hacia arriba, aspirando, y hacia abajo y hacia atrás, espirando. Repite este ejercicio cinco veces y realiza lo mismo en dirección contraria.

CALENTAMIENTOS 97

CUELLO

Haz una pausa en el centro después de cada movimiento para permitir que los tendones vuelvan a alinearse. Repite cada uno tres veces en total.

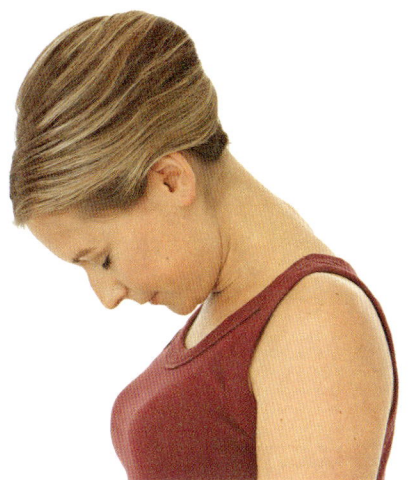 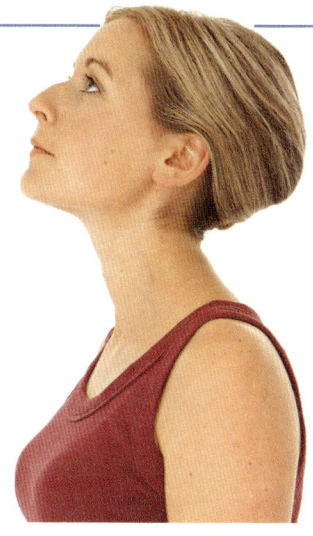

1 Cómodamente de pie o sentado, aspira mientras doblas la cabeza hacia delante. Espira mientras la acercas al pecho. Al aspirar de nuevo, vuelve a levantarla.

2 Baja la cabeza hacia atrás con suavidad levantando la barbilla (este movimiento no debería ser extremo). Espira mientras bajas la cabeza y aspira al volver a levantarla.

 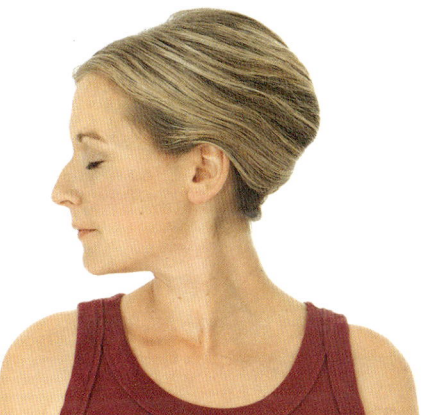 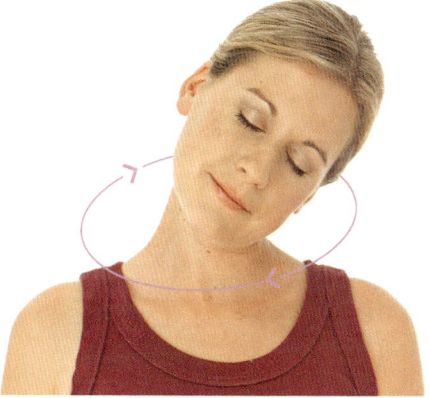

3 Baja la oreja derecha hacia el hombro derecho y, a continuación, la oreja izquierda hacia el hombro izquierdo. Mantén el mismo patrón de respiración que en el paso 2.

4 Aspira y espira mientras giras la cabeza para mirar por encima del hombro derecho. Mantén la parte posterior del cuello estirada y la barbilla sobre un eje horizontal nivelado. Aspira al llevar la cabeza nuevamente al centro. Repite en sentido contrario.

5 Realiza giros completos con la cabeza tres veces en un sentido y otras tres veces en el otro, con cuidado de no inclinar demasiado el cuello hacia atrás. El movimiento deberá tener más una forma almendrada que circular.

muladhara puerta de la tierra

El chakra Muladhara rige nuestra sensación de seguridad y está relacionado con el elemento tierra. Está localizado en el perineo y lo activan las posturas que centran la energía en este punto. Estas posturas resultan especialmente beneficiosas en momentos de ansiedad.

VAJRASANA
El trueno

Todas las posturas sentadas estimulan el primer chakra, Muladhara, pero la postura estática Vajrasana resulta muy beneficiosa. Al ser tan simple, es muy buena para empezar. Vajrasana aporta paz y serenidad a los que la practican, enraizándoles a la tierra como un trueno y haciéndoles sentirse seguros y a salvo. Es un buen asana, o postura, para descansar entre ejercicios.

1. Siéntate sobre la alfombrilla de yoga en postura arrodillada, las piernas separadas a una distancia equivalente a la anchura de las caderas y los glúteos sobre los talones.

BENEFICIOS

❖ Estimula el chakra Muladhara, haciéndote sentir seguro y pacífico.
❖ Mejora la postura, alineando la columna vertebral correctamente.
❖ Estira el cuádriceps.

PRECAUCIÓN

❖ Si tienes venas varicosas quizá te sientas más cómodo con un almohadón o una manta doblada entre las pantorrillas y los muslos.

2. Reposa cómodamente las manos sobre los muslos y estira la parte posterior del cuello empujando hacia dentro con la barbilla. Cierra los ojos o baja la mirada, enfocándola hacia un punto en el suelo a un metro, más o menos, delante de ti, y realiza unas cuantas respiraciones yóguicas profundas (véase «Pranayama», páginas 137-143).

3. Descansa tranquilamente en esta postura, respirando suavemente, sintiendo el contacto con la tierra y diciéndote a ti mismo: «Estoy seguro y la Tierra me sostiene». Contrae los músculos alrededor del ano, mantén la contracción y, a continuación, relájalos tres veces; esto es mula bandha, el cierre anal (véase página 19). Imagina una luz roja que se proyecta desde Muladhara hacia el centro del planeta.

SUBIDAS Y BAJADAS DEL CUERPO

El movimiento de esta postura mejora considerablemente la circulación hacia el perineo, y por tanto al chakra base, estimulándolo.

BENEFICIOS

❖ Tonifica los brazos y el abdomen.
❖ Estimula el chakra Muladhara.
❖ Mejora la circulación del perineo.

PRECAUCIÓN

❖ Asegúrate de realizar esta postura sobre una superficie no deslizante, del tipo de las alfombrillas de yoga.

1. Siéntate sobre la alfombrilla de yoga, en postura erguida, con las piernas estiradas al frente y los pies juntos.

2. Coloca las palmas de las manos sobre la alfombrilla, a unos treinta centímetros por detrás de los glúteos y ligeramente hacia los lados.

3. Repetidamente, sube y baja los glúteos unos cuantos centímetros, respirando normalmente. Finaliza cuando sientas los brazos cansados.

GARBHASANA
Postura del niño

Éste es un asana muy cómodo de realizar y que nos lleva directamente a nuestros primeros meses en el seno materno.

BENEFICIOS

❖ Favorece una fuerte sensación de seguridad.
❖ Proporciona un buen estiramiento a la columna vertebral.
❖ Masajea los órganos internos.
❖ Rejuvenece todo el cuerpo.
❖ Estimula el chakra Muladhara.

PRECAUCIÓN

❖ No coloques la cabeza por debajo del nivel del corazón si tienes la tensión arterial alta. Cierra los puños, coloca uno sobre otro y descansa la cabeza sobre ellos.

1 Arrodíllate en la «Postura el trueno» (véase página 98), con las manos sobre los muslos y las piernas separadas a una distancia equivalente a la anchura de las caderas.

2 Aspira y espira flexionando el tronco hacia delante, a partir de las caderas, para que descanse sobre los muslos. Al mismo tiempo, desliza los brazos hacia atrás, a los lados del cuerpo, con las palmas de las manos hacia arriba. Descansa la frente sobre la alfombrilla (véase «Precaución», arriba).

3 Respira profundamente, sintiendo el movimiento de tu caja torácica sobre los muslos y relájate completamente, manteniendo la postura mientras te sientas cómodo.

4 Vuelve despacio a la postura vertical del paso 1 cuando te sientas relajado y listo.

svadisthana puerta de la luna

Svadisthana rige la creatividad, tanto en el nivel físico como en el emocional. Las posturas que lo activan se centran en la zona pélvica —punto en el que se localiza este chakra—, estimulan la creatividad y ayudan a equilibrar las necesidades emocionales y sexuales.

BHUJANGASANA
La cobra

Esta postura ayuda a regular las funciones del útero y las gónadas, y trabaja enérgicamente sobre Svadisthana. Ayuda también a realinear la columna vertebral cuando no está bien alineada.

BENEFICIOS

❖ Regula las gónadas y el útero.
❖ Mejora la circulación hacia la pelvis.
❖ Realinea la columna vertebral.
❖ Fortalece la parte superior de la espalda.

PRECAUCIONES

❖ No realices esta postura en caso de embarazo.
❖ Los principiantes quizá prefieran repetir el ejercicio sin mantener la postura.
❖ Contrarresta esta postura con la del niño (véase página 100).

1 Tumbado sobre el abdomen, relájate y estira las piernas. Coloca la frente sobre la alfombrilla y las manos con las palmas hacia abajo y las puntas de los dedos en línea con los hombros (o con los ojos si eres principiante).

2 Aspira y estira la parte posterior del cuello; espira y eleva la frente, la nariz, la barbilla, los hombros y la parte superior de la espalda y el pecho en un movimiento parecido al de las serpientes. Utiliza los brazos solamente para mantener el equilibrio; el trabajo debe hacerlo la espalda. Las caderas deben estar en contacto con la alfombrilla. Aguanta la postura respirando suavemente durante unos segundos. Visualiza una luz naranja en la pelvis y coméntate: «Estoy abierto a mi creatividad».

3 Espira y estira la columna vertebral lentamente, bajando el pecho, la barbilla y la nariz hasta que la frente repose sobre la alfombrilla. Estira el cuello y repite tres veces.

DEVIASANA
Postura de la diosa

Esta postura abre la región pélvica como si fuese una flor y lleva el enfoque hacia Svadisthana. Imagina un fulgor naranja en esta región mientras realizas el ejercicio. Su preparación es extremadamente buena para la parte inferior de la espalda, una zona que suele verse implicada cuando existen bloqueos a la creatividad o a la sexualidad.

BENEFICIOS

❖ Mejora la circulación de la pelvis.
❖ Estira los músculos interiores del muslo.
❖ Prepara el cuerpo para las posturas de piernas cruzadas.
❖ Aporta flexibilidad a la parte inferior de la espalda.
❖ Alivia los dolores menstruales.
❖ Estimula el chakra Svadisthana.

PRECAUCIÓN

❖ Puede resultar de ayuda colocar mantas o algún tipo de apoyo bajo el lugar donde reposarán las rodillas hasta que se consiga que la pelvis se abra completamente hasta el suelo.

1. Tumbado de espaldas sobre la esterilla, dobla las rodillas y mantenlas juntas, así como los pies (éstos cerca de los glúteos), y los brazos a los lados, con las palmas de las manos hacia abajo.

2. Aspira y presiona el final de la espalda contra la alfombrilla, espirando al hacerlo. Al mismo tiempo, eleva la pelvis y levántala ligeramente de la esterilla. A continuación, mientras aspiras, relaja la espalda sobre la alfombrilla, permitiendo que se recupere la pequeña curva de la espalda. Esto produce un movimiento oscilante que puedes repetir hasta que sientas que la zona se ha relajado.

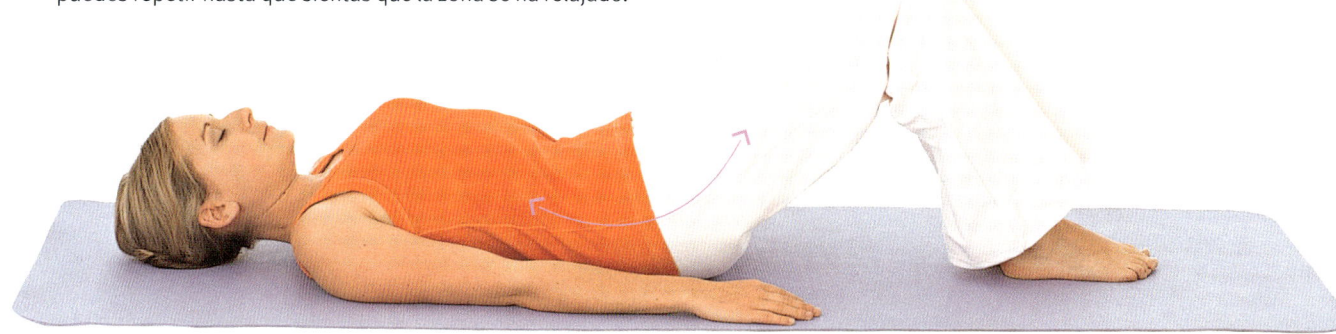

3 A continuación, separa ligeramente los brazos del cuerpo y con las palmas de las manos hacia abajo, aspira y baja la rodilla derecha hacia la alfombrilla, tanto como puedas, sin que te resulte desagradable, espirando y manteniendo los pies juntos, abriendo la pelvis. Aspira y vuelve a subir la rodilla; repite con el otro lado, tres veces en total con cada pierna. Deberías sentir un agradable masaje en la base de la columna vertebral y la parte inferior de la espalda.

4 Finalmente, baja ambas rodillas al suelo al mismo tiempo y relájate con la pelvis abierta, las plantas de los pies juntas y respirando profundamente hacia esa zona. Imagina un resplandor naranja en la pelvis que se hace más fuerte con cada respiración. Mientras estás tumbado en esta postura, coméntate: «Me abro a mi creatividad». Disfruta esta relajación hasta que te sientas preparado para abandonar la postura.

SHALABASANA
La langosta

Esta postura pone presión en la zona pélvica y estimula el chakra Svadisthana. Moviliza también la parte inferior de la espalda, fortaleciéndola.

BENEFICIOS

❖ Fortalece considerablemente la parte inferior de la espalda.
❖ Tonifica las piernas y los glúteos.
❖ Mejora la circulación de la pelvis.
❖ Estimula el chakra Svadisthana.

PRECAUCIONES

❖ La barbilla no debe separarse del suelo.
❖ Aguanta las caderas sobre la alfombrilla.
❖ Contrarresta con una flexión hacia delante, como la «Postura del niño» (véase página 100).

1 Túmbate boca abajo sobre la alfombrilla, con las piernas juntas, la barbilla sobre el suelo, los brazos a los lados y las manos bajo los muslos con las palmas hacia arriba.

2 Mientras aspiras, coloca los pies en punta y eleva la pierna derecha. Utiliza los dedos para ayudarte y levántala tan alto como te sea posible, sin doblarla y sin separar la cadera del suelo. Bájala cuando estés listo para espirar, ajustando el movimiento a la respiración.

3 Mientras aspiras, coloca el pie izquierdo en punta y levanta la pierna izquierda tan alto como te sea posible. Repite estos movimientos tres veces, elevando alternativamente la pierna derecha y la izquierda.

4 A continuación, mientras aspiras, eleva ambas piernas, juntas, y aguanta la postura unos segundos si te es posible, respirando suavemente. Cuando estés listo para bajarlas, aspira y, a continuación, espira mientras regresas a la postura inicial. Mientras mantienes la postura, coméntate: «Cada momento aporta una oportunidad para la creatividad». Repite este movimiento tres veces.

manipura puerta del sol

Manipura es nuestro centro de poder. Cuando realizamos posturas centradas en la zona abdominal, lugar donde se sitúa este chakra, equilibramos la forma en la que expresamos el poder personal, lo que nos otorga una tranquila confianza.

UDDIYANA BANDHA
Elevación abdominal

Uddiyana tonifica el abdomen y estimula el chakra Manipura. Aporta también mucho alivio cuando se sienten náuseas. Es uno de los tres cierres principales, o bandhas, que concentran la energía en Kundalini (véanse páginas 18-19). Debemos salir de la postura con control antes de sentir que vamos a estallar.

BENEFICIOS

❖ Tonifica el abdomen.
❖ Masajea y eleva los órganos abdominales.
❖ Ayuda a reducir las náuseas.
❖ Estimula el chakra Manipura.

PRECAUCIONES

❖ No se debe practicar este asana durante el embarazo.
❖ No retengas la respiración hasta que te sientas estallar.

1 De pie y con los pies un poco más separados que la anchura de las caderas, flexiona el tronco hacia delante ligeramente, apoyando las manos sobre los muslos. Flexiona ligeramente las rodillas.

2 Aspira profundamente y espira por completo. A continuación, empuja el abdomen hacia dentro, hacia arriba y hacia atrás, en dirección a la columna vertebral, de manera que forme un hueco. Los pulmones deben estar vacíos mientras mantenemos la respiración el mayor tiempo posible.

3 Abandona la postura cuando estés listo, volviendo a la verticalidad, aspirando y espirando profunda y lentamente. Repite el ejercicio tres veces.

PASCHIMA NAUASANA
El barco

El barco produce una fuerte contracción en el abdomen y, por tanto, una concentración de energía en Manipura. Es una postura poderosa, que enfatiza esa cualidad generada por el chakra. También actúa enérgicamente sobre los meridianos que controlan el miedo y la ansiedad (véase también «El puente», página 108). Es una postura de equilibrio, lo que favorece este sentido en el plano emocional.

BENEFICIOS

❖ Aporta un fuerte énfasis al chakra Manipura.
❖ Tonifica el abdomen, las piernas y los brazos.
❖ Trabaja sobre los meridianos de la vejiga y el riñón, lo que ayuda a controlar los miedos.
❖ Trabaja sobre los meridianos del estómago y el bazo, lo que equilibra los niveles de comprensión y ansiedad, y nos ayuda a ser adecuadamente asertivos.
❖ Tonifica los órganos internos.
❖ Mejora la digestión.
❖ Proporciona una sensación interior de tranquilidad, equilibrio y poder.

PRECAUCIONES

❖ Si tienes problemas de espalda, realiza este asana con una pierna cada vez mientras mantienes la otra rodilla doblada hacia arriba.
❖ Emplea siempre los músculos abdominales, y no la espalda, para elevarte en esta postura.
❖ No arquees la espalda.
❖ Contrarresta esta postura con la del puente.

1 Tiéndete sobre la alfombrilla y estira el cuerpo completamente. Manteniendo los brazos a los lados del cuerpo, con las palmas de las manos hacia abajo y las piernas juntas, aspira profundamente. Mientras espiras, eleva ambas piernas y el tronco a la vez, empleando únicamente los músculos abdominales (para proteger la espalda). Al mismo tiempo, eleva los brazos hasta que las manos alcancen el nivel de las rodillas. Mantén el punto de equilibrio con respiración suave. La cabeza debe estar dirigida hacia delante y la mirada al frente mientras imaginas una luz dorada en el abdomen. Siéntete fuerte y estable, y coméntate: «Nada hace oscilar mi barco».

2 Sal de la postura en orden inverso, aspirando profundamente y espirando mientras bajas.

SETU BANDHA
El puente

Esta postura consigue un magnífico estiramiento del abdomen, abriendo la región de Manipura. Contrae los riñones y estira el meridiano de la vejiga, con lo que te ayuda a sentir más confianza en ti mismo, fortaleciendo al mismo tiempo la espalda. También aporta un fuerte estiramiento a los meridianos del estómago y el bazo en el elemento tierra, que rigen la digestión, nuestra capacidad para sentir compasión, ansiedad, para sentirnos equilibrados y para ser adecuadamente asertivos (véanse páginas 24-31). La contracción de la garganta regula la glándula tiroides, con lo que también se obtienen beneficios en el sistema hormonal.

BENEFICIOS

- ❖ Trabaja sobre los meridianos del riñón y de la vejiga, aumentando la confianza en uno mismo.
- ❖ Trabaja sobre los meridianos del estómago y el bazo, controlando la ansiedad, mejorando la digestión y ayudándonos a ser adecuadamente asertivos.
- ❖ Equilibra el sistema hormonal.
- ❖ Mejora enormemente la flexibilidad y la fortaleza de la columna vertebral.
- ❖ Mejora la flexibilidad de los hombros si empleamos los brazos.
- ❖ Aumenta la fuerza de las piernas.
- ❖ Tonifica las piernas y los glúteos.
- ❖ Alivia tensiones en el cuello.
- ❖ Libera las emociones.

PRECAUCIONES

- ❖ Asegúrate de que los pies no resbalan y se mantienen cerca de los glúteos.
- ❖ Si mantienes la postura, la respiración debe ser suave y uniforme.
- ❖ Realiza un calentamiento antes de empezar (véase «Postura de la diosa», página 102).
- ❖ Contrarresta esta postura agarrándote de las espinillas, acercando las rodillas al pecho y la frente a las rodillas.

1 Túmbate sobre una alfombrilla de yoga antideslizante (descalzo resulta más seguro) y dobla las rodillas hacia arriba, colocando los pies separados a una distancia equivalente a la anchura de las caderas y a unos 45 cm de los glúteos. Mete ligeramente la barbilla para extender la parte posterior del cuello y coloca los brazos a los lados del cuerpo, con las palmas de las manos hacia abajo.

2 Espira completamente y, a continuación, aspira mientras elevas la pelvis, presionando la curva natural de la columna vertebral contra la alfombrilla. Una vez hecho esto, ve despegando la columna vertebral de la alfombrilla, vértebra a vértebra a partir del coxis, hasta que las caderas se hayan elevado completamente y la barbilla se encuentre metida contra el pecho en el cierre de la barbilla, jalandhara bandha (véase página 19). Debes acompasar la respiración al movimiento.

3 Puedes hacer la postura más vigorosa colocando los brazos por encima de la cabeza y contra el suelo, por detrás de ésta, mientras te elevas; para coordinarlo de forma que lleguen a su sitio en el momento de la extensión completa del cuerpo, tendrás que moverlos deprisa, lo que convertiría esta postura en un buen ejercicio de concentración. Respira suavemente si mantienes la postura y visualiza una luz dorada en tu abdomen. Coméntate: «Soy fuerte y adecuadamente poderoso».

4 Cuando estés listo para bajar, aspira y espira mientras bajas la columna vertebral (y los brazos, si los habías subido) a la alfombrilla, empezando por el cuello y bajando hasta el coxis, vértebra a vértebra, como si estuvieras empapelando una pared y no quisieras dejar ninguna burbuja. Una vez más, el movimiento debe coordinarse con la respiración. Repite tres veces desde el comienzo.

anahata puerta de los vientos

El chakra Anahata, que rige la forma en la que expresamos la compasión y el amor, puede activarse y equilibrarse con posturas que, literalmente, abran el corazón. Todas estas posturas expanden la región pectoral.

ALAS DE ÁNGEL

Esta postura abre el pecho y flexiona la parte superior de la espalda. Trabaja enérgicamente sobre el chakra corazón y, por tanto, sobre nuestra capacidad de sentir compasión, un atributo que tendemos a asociar con los ángeles. Visualiza una luz verde que se proyecta hacia fuera por entre los senos, o desde el centro del pecho, mientras realizas esta secuencia con movimiento.

BENEFICIOS

❖ Tonifica y estira el pecho y la parte superior de la espalda.
❖ Mejora la postura.
❖ Abre el chakra corazón.

PRECAUCIONES

❖ Ninguna.

1 Colócate de pie, estirando la parte posterior del cuello y con los pies separados a una distancia equivalente a la anchura de las caderas. Aspira y estira los brazos a la altura de los hombros, con las palmas de las manos hacia delante.

2 Espira y, con la siguiente aspiración, estira los brazos hacia atrás sin doblar los codos, como si estuvieses intentando que se unieran los omóplatos. Eleva la barbilla y lleva el pecho hacia arriba y hacia fuera. Coméntate: «Mi amor es expansivo».

3 Espira, volviendo a traer los brazos al frente, junta las manos y curva ligeramente la parte posterior de la espalda hacia delante.

4 Repite el movimiento completo varias veces —los brazos hacia atrás con la aspiración y hacia delante con la espiración—, terminando con una espiración mientras bajas despacio los brazos.

BENEFICIOS

- ❖ Abre la zona del chakra corazón y trabaja sobre Anahata.
- ❖ Proporciona un fuerte estiramiento a la caja torácica y a las piernas, mejorando la flexibilidad y eliminando bloqueos de los meridianos de la vesícula y del hígado, liberando el enfado.
- ❖ Es una de las pocas posturas que favorecen la flexibilidad lateral de la columna vertebral.
- ❖ La fuerte compresión que proporciona sobre el abdomen favorece la eliminación y puede aliviar el estreñimiento.
- ❖ Trabaja sobre los meridianos del intestino grueso y pulmón, eliminando resentimientos.
- ❖ Abre las caderas.
- ❖ Incrementa la resistencia.
- ❖ Favorece la flexibilidad mental.
- ❖ Estiliza la cintura.

PRECAUCIONES

- ❖ Si bien es cierto que esta postura puede curar la ciática (cuando el nervio está pinzado por la columna vertebral), sobre el lado dolorido solamente debes realizar el estiramiento, pues contraerlo agravará el padecimiento.
- ❖ Es muy importante mantener las caderas rectas hacia delante. En caso contrario, la postura se convertirá en una flexión hacia delante en lugar de ser una flexión lateral y se perderán los beneficios que se pretenden conseguir.
- ❖ Es importante bajar siempre primero hacia la derecha, comprimiendo el lado derecho del colon para favorecer la eliminación.

TRIKONASANA
El triángulo

Muy a menudo, nuestra capacidad para sentir compasión se encuentra bloqueada por el enfado. El triángulo, además de realizar un fuerte estiramiento de la zona del pecho, y con ello de Anahata, estira también enérgicamente los meridianos que controlan el enfado: los de la vesícula y el hígado. Por eso, esta postura nos ayuda a tener un punto de vista más equilibrado y a sentir compasión. Aporta flexibilidad a la columna vertebral y la mente tiende a seguirla. La fuerte compresión del colon nos ayuda a liberarnos de los resentimientos, otro bloqueo que nos impide sentir compasión.

1 Colócate de pie y con las piernas lo suficientemente separadas como para que puedas estirarlas sin dolor. Mantén los pies hacia delante, con los talones alineados. El propósito es crear un triángulo equilátero: en otras palabras, el espacio entre las piernas debe ser igual a la longitud de éstas.

2 Mientras aspiras, gira ambos pies hacia la derecha, manteniendo las caderas hacia el frente (como si fueras un dibujo egipcio). Espira.

3 Manteniendo los pies y las caderas en la misma postura, aspira, elevando los brazos hasta la altura de los hombros, con las palmas de las manos hacia abajo.

4 Al exhalar, flexiona la cintura hacia la derecha, permitiendo que el brazo derecho se estire hacia abajo y toque ligeramente la pierna del mismo lado. El brazo izquierdo permanece en línea con los hombros y está dirigido hacia el techo, con la palma de la mano hacia delante. Mira hacia tu mano izquierda si eres capaz de hacerlo sin forzar. Respira suavemente en caso de que estés manteniendo la postura. Coméntate: «Estoy abierto a la compasión».

5 Cuando estés listo para subir, emplea una aspiración que te ayude a volver a la postura inicial. Espira mientras bajas los brazos. Repite tres veces en la misma dirección. Relaja las piernas, sacúdelas bien y, a continuación, repite tres veces la postura hacia la izquierda.

GOMUKHASANA
Cabeza de vaca

Esta potente postura abre realmente el pecho y, por tanto, el chakra Anahata. Trabaja duro sobre los brazos además de sobre los músculos del pecho, estirando enérgicamente el meridiano del corazón y su protector, el meridiano del pericardio. Ambos nos ayudan a sentir y compartir adecuadamente la felicidad.

BENEFICIOS

❖ Abre el chakra Anahata.
❖ Mejora la flexibilidad de la zona de los hombros.
❖ Ayuda a curar los hombros cargados.

PRECAUCIONES

❖ No arquees la espalda para juntar las manos.
❖ Mantén el cuello estirado, con la barbilla ligeramente metida hacia el pecho.
❖ Realiza siempre unas rotaciones de hombros después de este asana.

1. Siéntate en Vajrasana (véase «Postura el trueno», página 98). Aspira y eleva el brazo derecho, llevando la mano todo lo lejos que puedas hacia los omóplatos. A continuación, espira.

2. Aspira otra vez y lleva el brazo izquierdo hacia atrás, doblándolo de manera que la mano izquierda ascienda entre los omóplatos. Espira.

3. Aspira e intenta unir la mano derecha con la izquierda. A continuación, respira normalmente. Dirige la cara hacia el frente e imagina una luz verde que se proyecta desde tu corazón hacia otras personas. Coméntate: «Mi corazón está abierto». (Si no puedes juntar las manos, agarra un calcetín o un pañuelo con la mano superior y tómalo con la inferior. Llegarás a conseguir que se junten.)

4. Deshaz la postura cuando estés listo para abandonarla y gira los hombros unas cuantas veces. A continuación, reposa con las manos sobre los muslos. Repite la postura hacia el otro lado invirtiendo los brazos.

vishuddha puerta del tiempo y el espacio

Los ejercicios de calentamiento para el cuello (véase página 97) son también excelentes para estimular el chakra garganta. Pueden ejecutarse como uno de los ejercicios de Vishuddha. Si los utilizas de este modo, visualiza una luz turquesa que emana hacia delante desde tu garganta mientras realizas los movimientos.

JALANDHARA BANDHA
Cierre de la barbilla

El tercero de los tres bandhas, que concentran la energía en el Sushumna para hacer ascender la energía Kundalini (véanse páginas 18-19), es el cierre de la barbilla, que también trabaja enérgicamente sobre el chakra Vishuddha. A menudo se emplea conjuntamente con técnicas de respiración (véanse páginas 137-143) y en algunas posturas (véase «Postura el puente», página 108).

BENEFICIOS

❖ Concentra la energía en el chakra Vishuddha.
❖ Mantiene la energía del Sushumna y ayuda a elevar la energía Kundalini.
❖ Libera la tensión del cuello.

PRECAUCIÓN

❖ No mantengas la respiración demasiado tiempo, pues podrías marearte.

1 Siéntate en la postura fácil de piernas cruzadas (véase «Postura fácil», página 147).

2 Aspira y, a continuación, baja la cabeza hasta que la barbilla presione contra el pecho, creando el cierre de la barbilla. Aguanta la respiración unos segundos (kumbhaka) antes de espirar.

3 Cuando estés preparado para aspirar, libera el cierre de la barbilla y vuelve la cabeza a la postura vertical.

SIMHASANA
Postura del león

Esta postura es muy beneficiosa en casos de dolor de garganta. Siempre que te duela esta zona, pregúntate a ti mismo: «¿Qué es lo que estoy evitando decirle a alguien?» Después de realizar la postura del león, uno es capaz de sentir la energía en el chakra corazón y se verá impulsado a expresar más claramente, y desde un nivel más profundo, lo que piensa si, anteriormente, había sido demasiado tímido como para expresarse. (La comunicación en este nivel suele ser bien recibida.) La segunda versión, cruzando los ojos y rugiendo, es especialmente adecuada para los niños.

BENEFICIOS

❖ Aporta energía al chakra Vishuddha.
❖ Ayuda a curar las gargantas doloridas.
❖ Ayuda a eliminar flemas.
❖ Favorece una comunicación clara.

PRECAUCIÓN

❖ Realiza los ajustes necesarios según la longitud de tus brazos y piernas. Apóyate sobre la punta de los dedos si fuera necesario (los fortalecerá).

1 Siéntate en Vajrasana (véase «Postura el trueno», página 98) y con las rodillas separadas a una distancia equivalente a la anchura de las caderas.

2 Arrodíllate hacia delante y siéntate sobre los talones, apoyando el peso sobre las manos, colocadas delante de las rodillas, y los pies.

3 **Primera versión.** Saca la lengua todo lo que puedas y desvía los ojos, enfocándolos hacia un punto entre las cejas. Espira y contrae los músculos del estómago, como en uddiyana bandha (véase página 106). Tensa todo el cuerpo.

Segunda versión. Saca la lengua todo lo que puedas y desvía los ojos como en la versión anterior, pero esta vez también ruge fuerte. Tensa todo el cuerpo.

4 **Ambas versiones.** Relájate y aspira cuando estés listo, y vuelve a la postura el trueno para descansar, con los pies planos, durante unos segundos. Respira con normalidad. Repite tres veces.

MATSYASANA
El pez

Matsyasana estira el chakra corazón como ningún otro asana. Mientras lo realizas, imagina una luz turquesa que irradia hacia delante desde tu garganta.

BENEFICIOS

❖ Estimula el chakra Vishuddha.
❖ Mejora la postura.
❖ Elimina arrugas.
❖ Beneficia a la glándula tiroides.

PRECAUCIONES

❖ Utiliza un almohadón debajo de la cabeza si te resulta incómodo llevarla tan atrás.
❖ Contrarresta siempre al final levantando la cabeza de la alfombrilla y mirándote los pies.

1 Siéntate sobre la alfombrilla, con las piernas juntas y estiradas al frente. Reclínate hacia atrás colocando un codo sobre la alfombrilla y luego el otro.

2 Aspira, arquea la espalda y baja la corona de la cabeza hasta el suelo (en caso de necesidad, utiliza un almohadón). Si puedes, junta las manos en postura de oración. Aguanta la postura unos segundos mientras respiras suavemente. Afirma: «Confío en mi voz interior y digo la verdad claramente».

3 Si te resulta cómoda la siguiente fase, arquea la espalda un poco más, retirando los codos de la alfombrilla, o las manos de la postura de oración, y apoya éstas sobre los muslos. Si te sientes cómodo, aguanta la postura contando hasta diez y respirando suavemente.

ajna puerta de la liberación

El chakra Ajna, situado en la frente, es nuestro centro de la intuición. Dado que también rige los ojos y la premonición, lo estimulamos cuando ejercitamos éstos en la forma que describimos a continuación, al igual que cuando salmodiamos *Om*.

NETHRA VYAYAMAM
Ejercicios de ojos

Aunque a menudo se dejan de lado durante la práctica del yoga, estos ejercicios de ojos son muy importantes porque no sólo estimulan el chakra Ajna, que rige los ojos, sino también los dos chakras menores (uno en cada ojo; véase página 77).

BENEFICIOS

❖ Estimulan el chakra Ajna.
❖ Pueden mejorar la visión.
❖ Fortalecen los músculos alrededor de los ojos.
❖ Mejoran la circulación de los ojos.

PRECAUCIÓN

❖ Si llevas lentes de contacto duras, quizá necesites quitártelas antes de realizar estos ejercicios.

1 Siéntate en una postura cómoda de piernas cruzadas, con el talón izquierdo en la entrepierna, el derecho por delante de él y los glúteos apoyados sobre un almohadón. Frótate las manos con fuerza y colócalas sobre los ojos, cerrados y sin apretar, durante unos segundos. Disfruta de la tranquilizante y completa oscuridad.

2 Gradualmente, ve abriendo los dedos para permitir que penetre la luz. A continuación, abre los ojos y baja las manos.

3 Imagina que estás sentado delante del enorme reloj del ayuntamiento. Mira hacia la posición de las doce en punto y baja los ojos hasta el seis cinco veces. Aprieta y relaja los párpados, bien cerrados, unas cuantas veces.

4 A continuación, realiza los mismos movimientos, pero mirando hacia el tres y hacia el nueve cinco veces. A continuación, cierra bien los ojos unas cuantas veces.

5. Después, mira desde el uno hasta el siete cinco veces. Cierra los ojos como las veces anteriores.

6. Mira desde el once hacia el cinco cinco veces y, a continuación, cierra los ojos unas cuantas veces.

7. A continuación, recorre toda la esfera del reloj, partiendo de las doce hacia la derecha, haciendo una pausa en cada número. Repite hacia la izquierda. Cierra los ojos unas cuantas veces.

8. Enfoca la vista en un punto lejano y luego en otro, situado aproximadamente a un metro delante de ti, cinco veces. Coméntate: «Honro y valoro mi visión interior».

9. Finaliza con el ejercicio de taparte los ojos descrito en el paso 1.

SALMODIAR *OM*

Aunque no sea un asana, salmodiar *Om* estimula Ajna, por lo que resulta apropiado incluirlo en este punto. El mantra tiene muchos significados: el sonido de todos los sonidos, el principio de la vida, el sonido de la creación. Cuando entonamos *Om*, lo que hacemos en realidad es atravesar cuatro etapas: aahh, uuhh, mmm (Aum) y silencio.

1. Siéntate en una postura cómoda, con la espalda erguida, en un lugar donde no vayas a ser molestado.

2. Aspira profundamente y salmodia *Om*, atravesando las tres primeras etapas con la espiración.

3. Tras una pausa para el silencio, repite el cántico varias veces más.

4. Siéntate relajadamente y absorbe el silencio durante unos momentos.

BENEFICIOS

❖ Aumenta la energía del chakra Ajna.
❖ Aporta una sensación de paz.
❖ Es un poderoso ejercicio espiritual.
❖ Disipa la negatividad.
❖ Te hace resplandecer.

PRECAUCIONES

❖ Ninguna.

sahasrara puerta del vacío

El chakra Sahasrara, el lugar desde donde nos abrimos a la unidad y a la felicidad, está situado en la coronilla. Resulta estimulado por la postura sobre los hombros media, la postura completa (véanse páginas 122-123) o la liebre (abajo), más seguras que la postura sobre la cabeza.

SASANGASANA
La liebre

La liebre es una postura excelente para Sahasrara y tiene la ventaja de ser más suave para el cuello que la postura sobre la cabeza, que también beneficia Sahasrara pero que es preferible aprender de un profesor cualificado.

BENEFICIOS

❖ Ayuda a activar la energía Sahasrara.
❖ Invierte la fuerza de la gravedad.
❖ Mejora el cutis.
❖ Aporta sangre oxigenada al cerebro y a las glándulas pituitaria y tiroides.

PRECAUCIONES

❖ Nunca bajes la cabeza por debajo del nivel del corazón si tienes la tensión arterial alta. Esta postura no es adecuada para ti.
❖ Antes de realizarla, comprueba con tu médico u osteópata si tienes el cuello débil.
❖ Termina siempre con unos segundos de descanso en la «Postura del niño» (véase página 100).

1 Empieza en la «Postura del niño» (véase página 100) y, a continuación, coloca las manos sobre la alfombrilla a ambos lados de las rodillas.

2 Aspira, elevando los glúteos y transfiriendo el peso a la coronilla (véase «Precauciones»). Espira.

3 Aspira mientras cruzas ambas manos por detrás de la espalda y las levantas todo lo que puedas, sintiendo la contracción entre los omóplatos. Espira y, a continuación, respira suavemente manteniendo la postura tanto tiempo como te resulte cómodo. Visualiza una luz malva sobre la coronilla y repite la afirmación: «Estoy abierto al multiverso. No existen límites».

4 Cuando estés listo, espira mientras recuperas la postura del niño. Descansa en ella unos minutos, respirando suavemente, antes de sentarte.

BENEFICIOS

- ❖ Aumenta la energía de Sahasrara.
- ❖ Regula las glándulas sexuales, la mala circulación sanguínea y los problemas menstruales y seminales.
- ❖ Alivia temporalmente las venas varicosas y las hemorroides.
- ❖ Reduce la grasa abdominal.
- ❖ Combate la dispepsia y el estreñimiento.
- ❖ Se dice que ayuda a curar el asma y los problemas hepáticos e intestinales.
- ❖ **Nota:** Se han escrito libros enteros acerca de los beneficios de Sarvangasana; los mencionados solamente son algunos de ellos.

PRECAUCIONES

- ❖ No practiques esta postura si padeces tensión arterial alta.
- ❖ Consulta a tu médico u osteópata si tienes problemas en el cuello.
- ❖ No tuerzas nunca el cuello cuando estés en esta postura.
- ❖ Interrumpe la postura si sientes deseos de estornudar o toser.
- ❖ Contrarresta apoyándote sobre los codos y echando la cabeza hacia atrás, o adoptando la «Postura el pez» (véase página 117).

SARVANGASANA
Postura media sobre los hombros o completa

He aquí otra alternativa sin riesgos a la postura completa sobre la cabeza para equilibrar Sahasrara, la postura sobre los hombros media o completa. *Sarva-anga-asana* significa «postura beneficiosa para todo el cuerpo». Tonifica la importantísima glándula tiroides.

1. Túmbate sobre una alfombrilla antideslizante, con las piernas juntas y los brazos a los lados del cuerpo. Dobla las rodillas hacia arriba y balancéate hacia delante y hacia atrás unas cuantas veces para relajar el cuerpo. Cuando estés listo, rueda hacia arriba con las piernas equilibradas haciendo un ángulo de 45° sobre tu cabeza. Apoya la espalda sobre las manos. Mantén esta postura con respiración tranquila y concéntrate en Sahasrara, imaginando una luz violeta en la coronilla. Continúa al siguiente paso o directamente al tercero.

2 Si te sientes capaz de realizarlo, lleva el asana a la siguiente fase. Estira la espalda hasta que esté vertical, en ángulo recto con el cuello y la barbilla contra el pecho. Mueve las manos más arriba para soportar la postura y mantén los codos hacia dentro. Imagina una plomada que cuelga verticalmente de los dedos de los pies. Respira suavemente en esa posición, con los pies en punta, hasta que te sientas preparado para bajar. (Los principiantes no deberían mantener la postura; es preferible que, en su lugar, la repitan tres veces.)

3 Sal de la postura doblando las rodillas hacia la frente y rodando despacio hacia abajo, empleando los brazos estirados sobre el suelo para mantener el equilibrio y sostenerte.

LOS CHAKRAS | los cinco tibetanos rejuvenecimiento

Existen dos secuencias (posturas enlazadas) que trabajan enérgicamente para equilibrar la energía de todos los chakras: la secuencia del sol, conocida como Surya Namaskar, y los Cinco Tibetanos. La primera es muy conocida y se enseña en la mayoría de las clases de yoga; aparece en muchas ilustraciones, en camisetas y en muchos libros de yoga. En este libro deseo presentar la menos conocida e intrigantemente misteriosa secuencia de los Cinco Tibetanos. Para cualquiera que esté llevando a cabo un trabajo serio sobre los chakras, es una secuencia imprescindible, extremadamente poderosa y que puede constituir, por sí sola, una secuencia matutina cuando nos veamos mal de tiempo.

La historia de los Cinco Tibetanos comienza con un oficial del ejército británico al que los lamas tibetanos enseñaron, en un monasterio del Himalaya, cinco ejercicios específicos. El oficial enseñó estos ejercicios al escritor Peter Kelder que, en 1939, publicó *Los cinco ritos tibetanos de la eterna juventud*. En este libro describe los ejercicios y afirma que confieren increíbles poderes de rejuvenecimiento, fortaleza y un aumento de la energía en el cuerpo, la mente y el espíritu, además de frenar el proceso de envejecimiento. En 1994, Christopher Kilham escribió otro libro en el que daba un nuevo nombre a los ejercicios de los Cinco Tibetanos e incluía el pranayama que yo empleo aquí.

Desde mi propia experiencia, no puedo dejar de cantar las alabanzas de este conjunto de ejercicios y reafirmar todo lo que había dicho Kelder, excepto la última parte: «¡Volved a preguntarme dentro de veinte años!» Lo cierto es que el hecho de practicar estos asanas cada mañana, a primera hora, me ha hecho más flexible a mis cincuenta y siete años de lo que lo era a los treinta. Los días en los que los practico, todo parece ir sobre ruedas: tengo la mente clara, la escritura fluye y poseo abundante energía durante todo el día.

Comienza con cinco repeticiones y, a lo largo de las semanas, ve aumentando hasta un máximo de veintiuna. Ten en cuenta que la respiración es contraria a la normal (se aspira con los movimientos de flexión) y yo creo que esto es lo que concentra la energía en el Sushumna, el nadi o meridiano principal del cuerpo que conecta todos los chakras (véase página 16). Quizá prefieras utilizar el pranayama más habitual, espirando cuando flexionas.

BENEFICIOS

Estos beneficios se aplican a los Cinco Tibetanos:
- Tonifican todo el cuerpo.
- Estimulan todos los chakras, incluidos los menores.
- Fortalecen la espalda.
- Favorecen la fuerza esencial.
- Mejoran la comunicación entre los siete chakras principales.
- Estimulan la circulación.
- Relajan las articulaciones y mejoran la flexibilidad.

Solamente para el quinto tibetano:
- Fortalece y tonifica la espalda, los brazos y las muñecas.
- Reduce el exceso de grasa en la zona abdominal.

LOS CINCO TIBETANOS 125

PRIMER TIBETANO
Giros

PRECAUCIÓN

❖ Al principio puedes experimentar mareo. Comienza despacio, como se indica, y fija la mirada en la mano de delante. Con el tiempo, el aparato vestibular, que controla el equilibrio en el oído interno, se ve fortalecido con los giros.

1 Colócate de pie, erguido, y eleva los brazos a la altura de los hombros con las palmas de las manos hacia abajo. Comienza a girar, pivotando sobre los dedos de los pies.

2 Gira cinco veces en el sentido de las agujas del reloj. Realízalo despacio al principio, para prevenir los mareos, y ve aumentando gradualmente la velocidad a lo largo de las semanas hasta que sea como un torbellino, como un derviche giratorio. (Es conveniente mantener la mirada fija en la mano de delante para contrarrestar la sensación de mareo.) Finaliza con dos profundas respiraciones yóguicas, espirando por la boca, con los labios fruncidos, las manos a los lados y los pies juntos.

SEGUNDO TIBETANO
Elevación de piernas

PRECAUCIÓN

❖ Si padeces problemas de espalda, trabaja una pierna cada vez.

1 Túmbate sobre una alfombrilla antideslizante con los pies juntos, las palmas de las manos planas a los lados y aspira mientras elevas ambas piernas hasta hacer un ángulo de poco más de 90°. Estira la parte posterior de las piernas empujando hacia arriba con los talones. Al mismo tiempo, levanta la cabeza y lleva la barbilla contra el pecho. Mantén la parte inferior de la espalda recta de manera que esté apoyada contra la alfombrilla.

2 Cuando estés listo, baja despacio, espirando, a la postura inicial. La cabeza y las piernas deben trabajar al unísono. Repite cinco veces y, a continuación, realiza dos profundas respiraciones yóguicas.

TERCER TIBETANO
Arco de la espalda

1 Arrodíllate sobre la alfombrilla y dobla los dedos de los pies. Las rodillas deben estar separadas a una distancia equivalente a la anchura de las caderas. Mantén los brazos relajados a ambos lados del cuerpo, la columna vertebral derecha y la barbilla contra el pecho.

PRECAUCIONES

❖ Si padeces lordosis (incremento de la curvatura natural de la espalda) no hagas más de cinco repeticiones.
❖ No lleves la cabeza más hacia atrás de lo que te sea posible sin forzar.

2 Aspira y arquéate hacia atrás, llevando la cabeza lo más posible sin forzar. Coloca las manos debajo de los glúteos como apoyo. (Algunas personas prefieren seguir mirando al frente.)

3 Espira, volviendo a la postura inicial, y repite cinco veces. Termina con dos respiraciones profundas.

CUARTO TIBETANO
Elevación del vientre

PRECAUCIONES

❖ Es fundamental una alfombrilla o superficie antideslizante.
❖ Los dedos pueden estar hacia delante o hacia atrás.
❖ Si tienes los brazos cortos, quizá necesites utilizar un calzo o las puntas de los dedos. No curves la espalda para conseguir que te alcancen los brazos.

1 Siéntate en postura erguida, con las piernas estiradas al frente, los dedos de los pies hacia arriba, y coloca las palmas de las manos sobre la alfombrilla, exactamente junto a las caderas. A continuación, mete la barbilla contra el pecho.

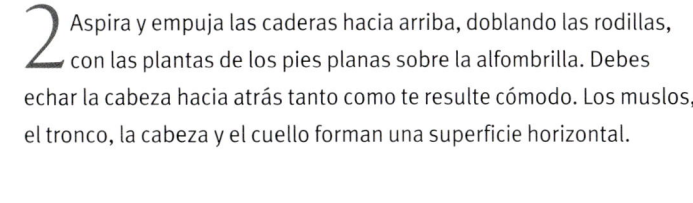

2 Aspira y empuja las caderas hacia arriba, doblando las rodillas, con las plantas de los pies planas sobre la alfombrilla. Debes echar la cabeza hacia atrás tanto como te resulte cómodo. Los muslos, el tronco, la cabeza y el cuello forman una superficie horizontal.

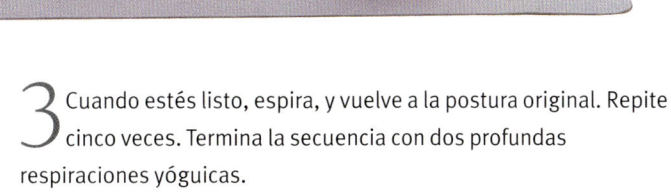

3 Cuando estés listo, espira, y vuelve a la postura original. Repite cinco veces. Termina la secuencia con dos profundas respiraciones yóguicas.

QUINTO TIBETANO
Perro/cobra levantada

PRECAUCIONES

❖ Es imprescindible una superficie antideslizante.
❖ Al contrario que la mayoría de las posturas de triángulo invertido, en ésta debes mantener los talones levantados.

1 Empieza tumbándote boca abajo y apoyando el peso de tu cuerpo sobre las palmas de las manos y los dedos de los pies. Mantén la cabeza alta y ligeramente hacia atrás.

2 Aspira mientras empujas con los glúteos hacia arriba, manteniéndote sobre los dedos de los pies, y lleva la cabeza hacia las rodillas por entre los brazos. La barbilla debe estar recogida para formar un triángulo perfecto.

3 Espira mientras vuelves a la postura inicial. Repite cinco veces y, a continuación, realiza dos profundas respiraciones yóguicas.

maha mudra

Maha, en sánscrito, significa «grande». Esta postura aporta un gran beneficio, tanto físico como espiritual, y trabaja enérgicamente sobre todos los chakras.

1. Siéntate sobre la alfombrilla y con las piernas estiradas al frente. Dobla la pierna izquierda y apoya el talón en la entrepierna, contra el hueso del perineo, de manera que lo presione. Si eres hombre, ten cuidado de no apretarte los testículos. La planta del pie izquierdo debe estar totalmente en contacto con el muslo derecho.

2. Flexiona el tronco para agarrar el pie derecho con ambas manos, justo por debajo de los dedos del pie, manteniendo éste vertical.

BENEFICIOS

❖ Despierta el sistema nervioso central y produce una gran actividad de ondas cerebrales.
❖ Estimula enormemente la energía de Sushumna.
❖ Equilibra y aporta energía a todos los chakras.

PRECAUCIONES

❖ Realiza este ejercicio siempre con el estómago vacío.
❖ No mantengas la respiración hasta el punto de sentirte mareado.

3. Aspira y, conteniendo la respiración (kumbhakha), realiza los cierres anal, abdominal y de la barbilla: mula bandha, uddiyana bandha y jalandhara bandha (véase página 19).

4. Relaja los bandhas, espira de forma controlada y yérguete.

5. Estira las piernas y repite hacia el otro lado.

5 pranayama respiración

Lo más suave del universo
Vence a lo más duro del universo.
LAO TZU, *Tao Te Ching*

Durante nueve meses esperamos en el seno materno mientras nuestro cuerpo se desarrolla. Cuando llega el momento, forcejeamos para salir al mundo, llenamos nuestros pulmones y lloramos con nuestro primer aliento. Y seguimos hinchando y deshinchando nuestros pulmones, unas veintitrés mil veces al día, durante unos ochenta o más años.

La fuerza vital

Los yoguis otorgan la máxima importancia a la respiración correcta y al control de ésta. Entienden que, con cada aspiración, se aspira también otra sustancia hacia los pulmones, el prana, la fuerza vital. El prana se encuentra en todas las formas de vida e impregna todo. Está en cada átomo, incluso en las cosas inertes. En el Museo de Ciencias de Londres existe una piedra de jade que se ha vuelto lisa debido a las caricias de los visitantes. Si colocas la mano sobre la piedra, sientes cómo vibra de prana.

Esta fuerza energética es más abundante en las cumbres de las montañas, bajo los árboles, junto a aguas en movimiento. Las personas se ven empujadas hacia esos sitios para recargarse durante las vacaciones. También recargamos nuestro prana con buenos alimentos y bebidas, durmiendo, con un trabajo que nos guste y con buenas compañías.

Una persona cuyo prana sea abundante tiene un resplandor que la hace atractiva. Es lo que los chinos llaman shen, o espíritu. Cuando el flujo de prana aumenta, mejoran los niveles de energía; si corregimos este flujo, podemos prolongar la vida y curar muchas enfermedades. Ésta es la razón de que ejercicios como el yoga y tratamientos como la acupuntura, que equilibran el prana/chi, sean tan efectivos. El prana alimenta el sistema nervioso igual que el oxígeno alimenta el sistema circulatorio.

En la descripción del chakra Svadisthana hablé del nacimiento de las ideas (véanse páginas 32-39). Cuando empleamos la respiración de forma consciente para fortalecer la intención antes de actuar, lo hacemos de manera mucho más efectiva. Sin embargo, debemos tener cuidado de dónde colocamos nuestra atención. El prana sigue la dirección de la mente. Es necesario que evitemos malgastar prana dirigiéndolo a pensamientos de resentimiento o negativos. Otras personas reciben nuestros pensamientos, tanto buenos como malos. Recuerda el viejo dicho de que debemos tener cuidado con lo que pedimos.

La vida moderna agota el prana. La comida está desnaturalizada, irradiada, recalentada y puede que haya viajado por medio mundo y esté casi vacía de prana. El prana del sueño, o jiva, se pierde por quedarnos hasta muy tarde viendo la televisión y por la vida social o laboral que continúa hasta altas horas de la madrugada. La gente fuma y contamina sus pulmones con venenos dañinos. También se agota el prana por un exceso de emociones, incluso de emociones «buenas»; piensa en la presión que supone ser muy activo sexualmente. El estilo de vida moderno, con escaso apoyo familiar y muy poca conexión con la naturaleza, no puede restaurar el equilibrio.

Conservar el prana

¿Cómo podemos aumentar nuestro prana? En el capítulo anterior describí cómo practicar la respiración con las posturas, pero primero enfaticé la importancia de realizar la postura correctamente. Lo hice porque una postura correcta es un requisito previo para la práctica con éxito de pranayama. Pueden aprenderse ambas posturas al mismo tiempo, es sólo una cuestión de énfasis. Irás desarrollando una respiración correcta con las posturas a medida que vayas practicando.

En las siguientes páginas describo la mecánica de la respiración y las técnicas más comúnmente empleadas por los yoguis. Pranayama es especialmente importante, porque es casi imposible realizar cualquier progreso espiritual significativo sin él. Si bien es cierto que algunas técnicas son muy buenas para determinados chakras, lo cierto es que todas las técnicas benefician a todos los chakras. Es preferible aprender una a fondo, hasta dominarla, antes de pasar a la siguiente.

la mecánica de la respiración

La mayoría de los recién nacidos respira correctamente. A lo largo de los años, las tensiones que soportan el cuerpo y nuestras vidas afectan a la mecánica correcta. Los diafragmas se tensan y trabajan con menos efectividad; las malas posturas restringen el pecho. La respiración yóguica puede corregirlo, pero resulta de gran ayuda entender primero la mecánica básica de la respiración.

Piensa en tus pulmones como si fuesen un árbol invertido. El tronco principal sería la tráquea, que se mantiene abierta gracias a unos anillos cartilaginosos. La tráquea se divide en un par de grandes ramas principales, los bronquios, que a su vez se dividen en ramas más y más pequeñas, llegando a formar unas ramas extremadamente finas, conocidas como bronquiolos. Los bronquiolos se abren hacia grupos de sacos de finas paredes llamados alveolos.

Los pulmones son esponjosos, porosos y elásticos. Están contenidos en el saco pleural y protegidos por él, una de cuyas paredes está unida a los pulmones y la otra a la pared interior del pecho. En el lado derecho del cuerpo tenemos tres lóbulos y en el izquierdo, dos (para dejar espacio para el corazón). Los pulmones están libres excepto en la raíz, donde se conectan con la tráquea, y en el corazón, donde se conectan con el pericardio que lo envuelve. Cada vez que respiramos, el corazón recibe un suave masaje.

Antes de que el aire penetre en la tráquea, pasa a través de la nariz, donde unos finos pelillos lo filtran de impurezas. A continuación están las mucosas, que actúan como radiadores, donde el aire se calienta y humedece. El aire pasa luego a través de la faringe y la laringe (nuez), responsable esta última de la voz y de impedir la entrada de comida o líquidos en el conducto del aire.

Los niños de pecho respiran una media de cincuenta veces por minuto; un niño pequeño, entre quince y veinticinco veces, y los adultos entre diez y catorce veces por minuto. Los pulmones de un hombre pueden albergar unos seis litros de aire y los de una mujer, alrededor de cuatro litros y cuarto. Durante una respiración normal en reposo, se introduce aproximadamente medio litro de aire en los pulmones. Sin embargo, una profunda respiración yóguica puede aportar hasta cuatro litros y medio, con lo que limpia el aire estancado que suele encontrarse en el fondo de los alveolos.

Los pasos del aire

He aquí cómo el aire pasa por las mucosas de la nariz, baja por la tráquea hasta las ramificaciones de los bronquios, a los pequeños bronquiolos y, por último, a los alveolos, que absorben el prana/oxígeno.

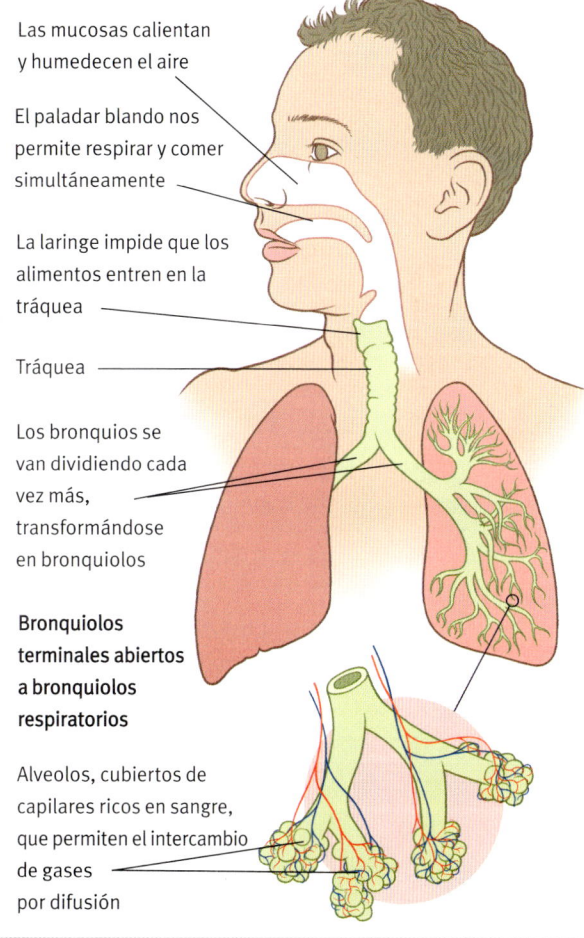

Las mucosas calientan y humedecen el aire

El paladar blando nos permite respirar y comer simultáneamente

La laringe impide que los alimentos entren en la tráquea

Tráquea

Los bronquios se van dividiendo cada vez más, transformándose en bronquiolos

Bronquiolos terminales abiertos a bronquiolos respiratorios

Alveolos, cubiertos de capilares ricos en sangre, que permiten el intercambio de gases por difusión

Respiración consciente e inconsciente

Los mensajes que se reciben en el centro respiratorio del tronco cerebral acerca de los niveles de CO_2 en la sangre controlan la respiración sin requerir ningún esfuerzo consciente por nuestra parte. Pero la profundidad y el ritmo de la respiración pueden alterarse voluntariamente. Esto es, exactamente, pranayama. Ya lo practicas cuando nadas o cuando te esfuerzas físicamente de cualquier otra forma: inflando globos, tocando un instrumento de viento o soplando las velas de la tarta de cumpleaños.

Puraka, kumbhaka y rechaka

Cuando inhalamos, el aire es llevado a los pulmones mediante la acción de los músculos intercostales que se encuentran entre las costillas, lo que hace que éstas se eleven como el asa de un caldero. El diafragma, un músculo grande con forma de cúpula cuando está relajado, con la entrada del aire se contrae y aplana en dirección hacia los órganos abdominales. Eso es lo que hace que veamos cómo el abdomen se expande cuando una persona está respirando correctamente. La acción de las costillas y el diafragma aumenta el volumen en la cavidad torácica, creando de este modo una aspiración parcial y haciendo que los pulmones se expandan y absorban el aire. Esto recibe el nombre de puraka. Contener la respiración ofrece a la sangre mayor cantidad de tiempo para absorber oxígeno, lo que aumenta los niveles de energía. Muchas técnicas de pranayama implican contener una aspiración. La pausa con la respiración contenida se conoce como kumbhaka.

¿Qué es lo que nos hace respirar?

El diafragma actúa como un desatascador (abajo, a la izquierda), creando el vacío al contraerse, absorbiendo el aire hacia los pulmones para una aspiración. Los pulmones se estiran e hinchan hasta llenar toda la cavidad torácica, como se muestra en la ilustración (abajo, a la derecha). El diafragma se relaja hacia los pulmones, adoptando forma de cúpula, forzando al aire a salir de los pulmones para una espiración, recreando la aspiradora, lista para la próxima entrada de aire.

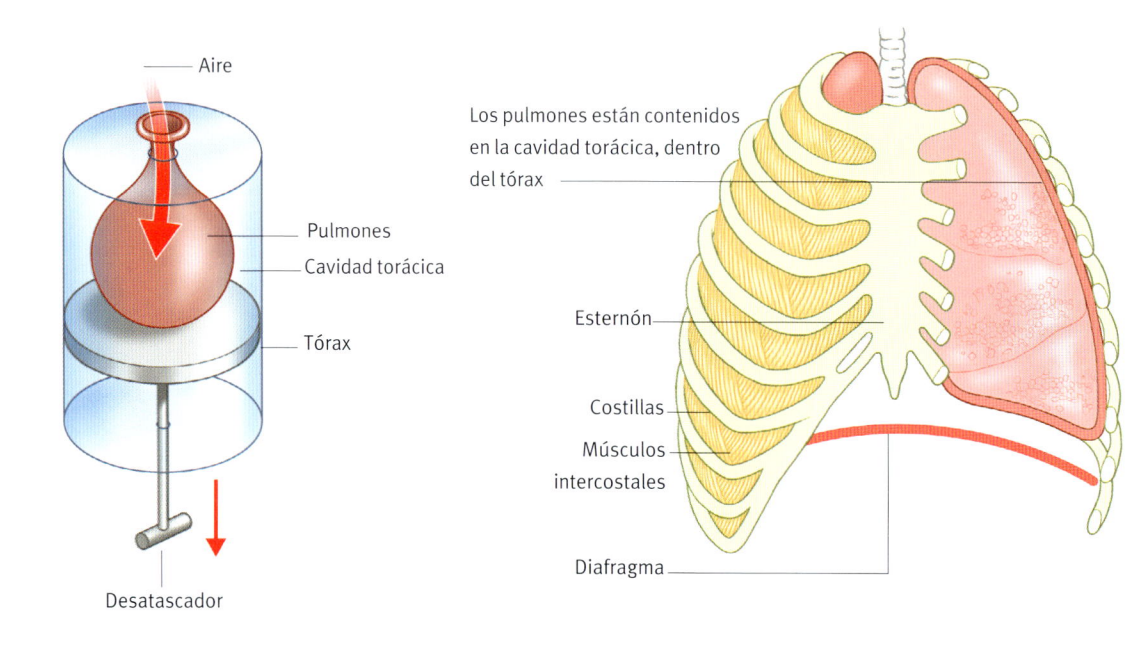

Cuando espiramos, los músculos intercostales se relajan, la caja torácica baja y el diafragma se relaja y recupera su característica forma de cúpula hacia los pulmones y el corazón, con lo que el aire es expulsado de los pulmones. Esto se conoce como rechaka. Cuando se hace una pausa con los pulmones deshinchados (también llamada kumbhaka), hay una menor absorción de oxígeno, más CO_2 en la sangre y se produce un efecto tranquilizante.

Circulación sanguínea

Las delgadas paredes de los alveolos pulmonares permiten el intercambio, a través de diminutos capilares llenos de sangre, del aire viciado, cargado de dióxido de carbono, por aire fresco y oxigenado. Aproximadamente el setenta por ciento de toda la eliminación de desechos del cuerpo se realiza de este modo, por lo que no podemos sorprendernos de que las personas encuentren que un buen paseo al aire libre, con los pulmones bombeando, sea algo revigorizante y que pone rosetas en las mejillas.

El lado izquierdo del corazón bombea sangre oxigenada a las arterias principales, que la distribuyen a través de los vasos sanguíneos y los capilares a cada célula del cuerpo. En este proceso, la sangre toma el dióxido de carbono y lo lleva al lado derecho del corazón a través de las venas. La sangre venosa tiene un color rojo más oscuro que la sangre recién oxigenada. A continuación, el lado derecho del corazón bombea la sangre desoxigenada de los tejidos del cuerpo a la arteria pulmonar, que la lleva a los pulmones para que vuelva a oxigenarse.

Cómo respiramos

Estas ilustraciones muestran cómo el diafragma se contrae hacia abajo (abajo, a la izquierda) en dirección al estómago y los órganos abdominales inferiores cuando aspiramos. Después, se relaja hacia arriba (abajo, a la derecha), en dirección a los pulmones, cuando espiramos.

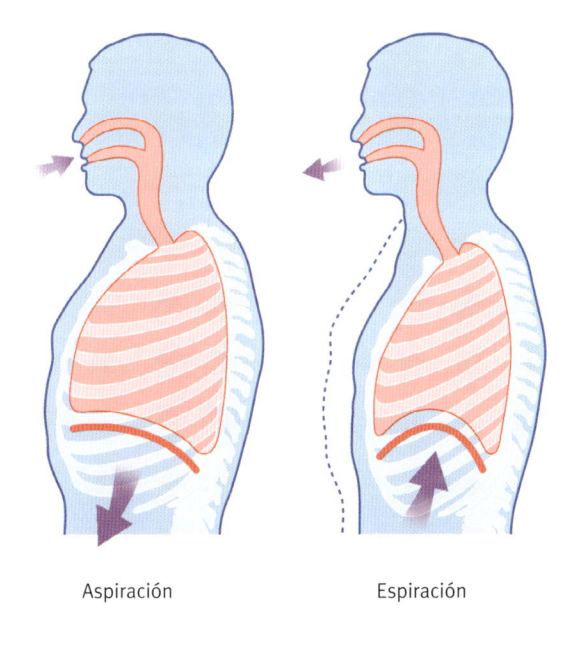

Aspiración   Espiración

Respiración y circulación

La sangre oxigenada, de color rojo brillante, pasa de los pulmones al ventrículo izquierdo del corazón, que la bombea a cada célula del cuerpo. La sangre venosa desoxigenada, de color azul, vuelve al ventrículo derecho, donde se bombea a los pulmones para que vuelva a oxigenarse.

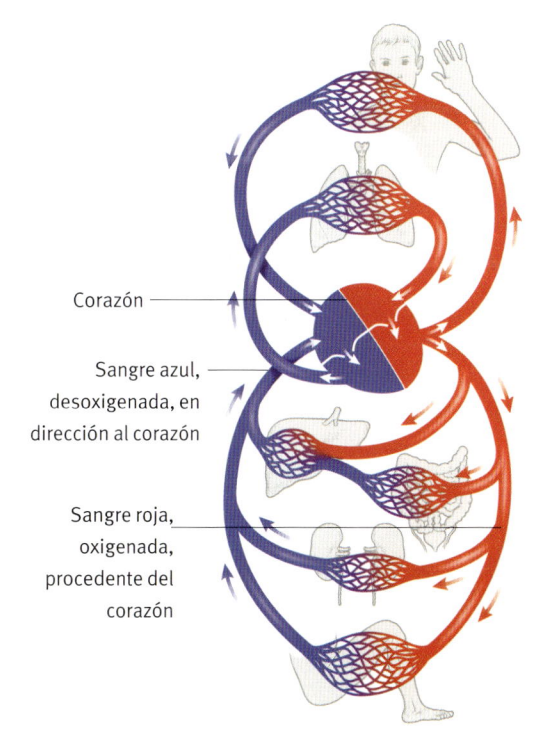

Corazón

Sangre azul, desoxigenada, en dirección al corazón

Sangre roja, oxigenada, procedente del corazón

el elemento metal

Los antiguos chinos observaron la naturaleza de cerca y se dieron cuenta de cómo se refleja en el organismo humano, identificando una correlación entre los órganos y sus meridianos relacionados y los cinco elementos. Para poder entender la manera en la que trabajan los pulmones, necesitamos comprender cómo se relacionan con su elemento: el metal.

Se dice que los meridianos de los pulmones y del intestino grueso están en el elemento metal. El elemento metal es análogo a las piedras preciosas y los minerales que se encuentran en la naturaleza. Esto es una referencia a la dimensión espiritual que estos meridianos, y en particular los pulmones, aportan a nuestras vidas. Son, literal y metafóricamente, inspiradores. Existe un vínculo en nuestra relación con nuestro padre, terrenal y celestial. Muchas personas que padecen problemas respiratorios o asociados en los pulmones tienen una relación difícil o, paradójicamente, excepcionalmente cercana con sus padres y pueden estar buscando la dimensión espiritual que perciben que falta en sus vidas.

En el nivel físico, el elemento metal controla la eliminación; psicológicamente controla la pena. El color asociado con un desequilibrio en el elemento metal es el blanco. Las personas que tienen problemas en los pulmones (y también en el colon) presentan una coloración blanca alrededor de los ojos y la boca que, en ocasiones, cubre toda la cara. También suelen tener un tono de voz tembloroso o lloroso. Cualquier persona que padezca problemas de pulmón o respiratorios, como asma o bronquitis, obtendrá grandes beneficios de la práctica del control de la respiración que se deriva de pranayama.

Algunos beneficios de la respiración correcta
- Columna vertebral flexible.
- Postura mejorada.
- Movimiento correcto.
- Sistema nervioso saludable.
- Circulación mejorada.
- Aumento de la vitalidad.
- Voz poderosa, dulce, melodiosa.
- Eliminación regular y completa.
- Sistema inmunológico saludable.
- Sangre bien oxigenada.
- Metabolismo mejorado.
- Sistema nervioso autónomo bien regulado.
- pH equilibrado.

Algunos síntomas de una respiración incorrecta
- Mala postura.
- Pecho contraído.
- Encorvamiento de la espalda.
- Movimientos restringidos.
- Tensión nerviosa.
- Ansiedad.
- Mala circulación.
- Asma, bronquitis, pleuresía, etc.
- Susceptibilidad a multitud de infecciones.
- Fatiga.
- Voz débil.
- Resentimiento.
- Pena inapropiada.
- Depresión.

áreas de expansión

Puede servir de ayuda la identificación y aislamiento de diversas áreas del pecho y el abdomen que se expanden durante una respiración yóguica completa. Cuando respiramos cómodamente en cada área concreta, podemos juntarlas todas secuencialmente para formar la respiración completa.

RESPIRACION ABDOMINAL (INFERIOR)

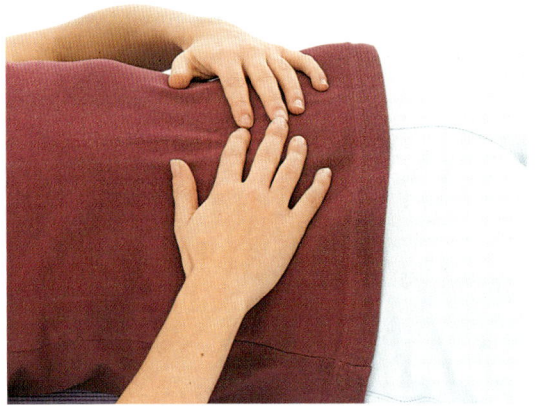 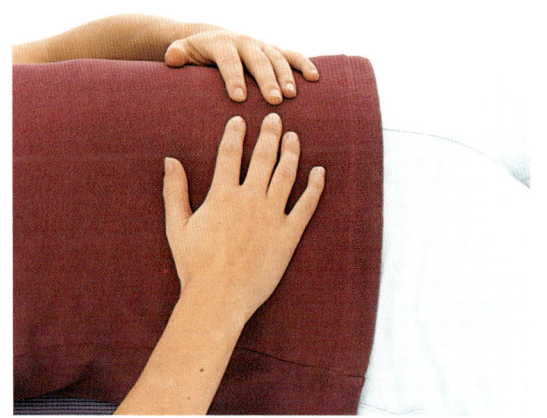

1 Túmbate sobre la alfombrilla de yoga durante unos segundos y estírate bien. A continuación, descansa ambas manos suavemente sobre el vientre, por encima del ombligo, juntando ligeramente los dedos corazón.

2 Manteniendo el pecho inmóvil, respira hacia los lóbulos inferiores de los pulmones. Imagina que estás llenando una botella de agua, vertiendo ésta (en este caso, el aire) a la parte de abajo de la botella. Observa cómo se te separan los dedos a medida que el abdomen se expande al bajar el diafragma y cómo se vuelven a juntar cuando espiras y te relajas.

3 Continúa haciéndolo durante unos minutos, contando a un ritmo regular: aspira contando hasta cuatro; aguanta la respiración contando hasta cuatro; espira contando hasta cuatro; mantén los pulmones deshinchados contando hasta cuatro. Si te apetece, puedes utilizar los latidos del corazón como marcadores del ritmo.

RESPIRACIÓN DE LAS COSTILLAS (MEDIA)

1. Siéntate erguido en postura cómoda y dobla los brazos, colocando las manos a ambos lados de la caja torácica. Espira completamente.

2. Aspira hacia la mitad del pecho, sintiendo cómo se expanden las costillas hacia arriba y hacia fuera, contando hasta cuatro; aguanta la respiración contando hasta cuatro; espira contando hasta cuatro, y mantén sin aire contando hasta cuatro. Continúa con este ritmo unas cuantas respiraciones hasta que te sientas cómodo con él y puedas sentir cómo se expande tu caja torácica.

3. A continuación, coloca los dorsos de las manos sobre la mitad de la espalda. Repite el ejercicio de respiración para que puedas sentir cómo el pecho también se expande hacia atrás.

RESPIRACIÓN DE LA PARTE ALTA DEL PECHO (SUPERIOR)

1. Sentado en postura cómoda, coloca tu mano con suavidad sobre la parte alta del pecho, justo por debajo de las clavículas.

2. Respira ligeramente, un máximo de cinco respiraciones, hacia la parte superior del pecho. Siente la ligerísima expansión posible en esa zona. Es muy importante no hacerlo más tiempo. Respirar hacia esa zona tiende a hacernos sentir ansiosos.

técnicas básicas de pranayama

Una vez que hemos identificado las áreas de expansión, estamos preparados para probar las siguientes técnicas. Si alguno de estos ejercicios te hace sentir mareado o te causa algún tipo de problemas, es mejor pedir ayuda a un profesor de yoga cualificado para aprenderlos. Si padeces tensión arterial elevada, consulta antes a tu médico y muéstrale la descripción del método.

UJJAYI
Respiración sonora

Una forma de controlar la respiración es utilizando la campanilla que cuelga en la parte posterior del paladar blando. Éste es el músculo que usamos involuntariamente cuando roncamos y voluntariamente cuando hacemos gárgaras. Es como dirigir el flujo del agua de una manguera cerrando parcialmente el agujero del extremo con el pulgar. Si cerramos parcialmente el tubo respiratorio con la campanilla al aspirar y espirar, obtenemos un mayor control sobre nuestra respiración. Pruébalo con una respiración normal. Observarás que hace un ligero sonido como de ronquido. Cuando dominamos esta técnica, las respiraciones largas, lentas y mesuradas se hacen mucho más fáciles.

Ujjayi es una técnica especialmente buena para el chakra garganta (Vishuddha), puesto que hace vibrar las cuerdas vocales, centrando tu atención en ese punto, y porque el sentido asociado de este chakra es el oído.

BENEFICIOS

- ❖ Expulsa el aire viciado de los pulmones y purifica el sistema respiratorio.
- ❖ Equilibra las emociones.
- ❖ Tranquiliza el sistema nervioso.
- ❖ Relaja el cuerpo.

PRECAUCIÓN

- ❖ Este ejercicio no debería producir mareo. Interrúmpelo inmediatamente si lo hace.

1 Siéntate en postura cómoda y coloca las manos suavemente sobre las rodillas.

2 Espira completamente, deshinchando los pulmones tanto como te sea posible.

3 Aspira lentamente por la nariz, contando hasta seis, sintiendo cómo se expanden el abdomen, las costillas y el pecho, cerrando parcialmente la garganta con la campanilla, de manera que se produzca una especie de zumbido.

4 Cierra la campanilla completamente mientras aguantas la respiración contando hasta seis.

5 Espira lentamente contando hasta doce, con la campanilla medio cerrada, de forma que la espiración sea también controlada, produciendo un ligero silbido.

6 Mantente sin aspirar, con los pulmones deshinchados, mientras cuentas hasta seis. (Puedes ajustar el tiempo a tu gusto siempre y cuando mantengas las mismas proporciones.)

7 Al principio, repite esta secuencia unas cuantas veces y, gradualmente, ve aumentando el tiempo hasta cinco o diez minutos a medida que te vayas haciendo más experto y te vayas sintiendo cómodo con esta respiración.

LA RESPIRACIÓN COMPLETA

Está muy extendida la creencia, equivocada, de que en la respiración yóguica lo mejor es la respiración inferior o abdominal. De hecho, aunque ésta es buena para identificar cómo trabaja el diafragma y para ejercitarlo cuando se ha tenido rígido durante mucho tiempo, la respiración correcta incluye las tres áreas. Esto es lo que se conoce como respiración completa. Con ella se trabaja el sistema respiratorio al completo y se obtiene el máximo beneficio. Es la respiración más utilizada cuando se realizan los asanas y, con el tiempo, debería convertirse en el patrón de respiración natural. Evidentemente, durante la respiración normal, tranquila, no se tomará un volumen de aire completo, pero el movimiento debería ser el descrito a continuación.

La primera vez que pruebes esta técnica puedes sentir como si se dividiera en tres movimientos distintos, pero pronto observarás que los componentes se funden fácilmente unos en otros. Puedes hacerla tumbado, sentado, mientras realizas los asanas o, en mayor o menor grado, en cualquier momento.

BENEFICIOS

❖ Utiliza al completo todos los músculos de la respiración.
❖ Favorece la máxima expansión de los pulmones.
❖ Te deja lleno de energía y equilibrado.
❖ Mejora tu postura general.
❖ Ayuda a eliminar el aire viciado del fondo de los pulmones.

PRECAUCIÓN

❖ Interrumpe el ejercicio si te produce sensación de mareo y cambia los tiempos de espera a aquellos que te resulten más cómodos si observas una tensión excesiva.

1 Túmbate sobre la alfombrilla y estírate bien. Los brazos deben estar a los lados del cuerpo pero ligeramente separados de éste, con las palmas de las manos hacia arriba. Los pies deben estar relajados y separados entre 45 y 80 cm. Espira completamente.

2 Utilizando las tres áreas de expansión (véanse páginas 135-136) en secuencia, como una ola que recorriera el cuerpo, comienza aspirando profundamente hacia el fondo de los pulmones, contrayendo el diafragma hacia abajo mientras cuentas hasta dos.

3 Continúa la respiración hacia la parte media del pecho contando hasta dos.

4 Termina la aspiración hacia la parte superior del pecho contando hasta dos.

5 Aguanta la respiración mientras cuentas hasta seis, con el pecho y las costillas completamente expandidos. El abdomen se habrá hundido ligeramente para conseguirlo.

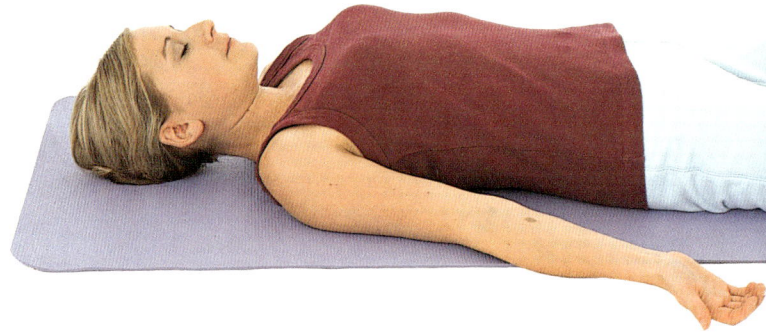

6 Relájate y espira, sin importarte el orden en el que lo hagas, pues la propia espiración se encargará de ello, mientras cuentas hasta ocho.

7 Mantente sin respirar, con los pulmones deshinchados, mientras cuentas hasta seis.

8 Repite la secuencia completa durante varios minutos, hasta que las olas producidas por la respiración sean completamente naturales y requieran un escaso control consciente.

KAPALABHATI
Respiración de fuego

Kapala significa, en sánscrito, «calavera»; *bhati* significa «brillar». Yo interpreto que pretende indicar un fuerte efecto sobre el chakra corona, Sahasrara (véanse páginas 70-75). Produce una mejora de la concentración. Dado que emplea muy enérgicamente los músculos abdominales, trabaja especialmente bien sobre el chakra plexo solar, Manipura. Kapalabhati calienta y aporta energía, y es uno de los seis ejercicios de limpieza de hatha yoga, pues purifica y oxigena todo el sistema. Quizá observes que, al realizar este ejercicio, sudas profusamente.

1. Siéntate en una postura cómoda de piernas cruzadas y descansa las manos sobre las rodillas. Asegúrate de que mantienes el cuerpo erguido durante todo el ejercicio y baja la barbilla. Espira completamente, vaciando los pulmones.

2. Cierra los ojos y aspira despacio, pero espira rápida y vigorosamente. Las espiraciones deben ser más pronunciadas que las aspiraciones, y deben realizarse rápidamente y con fuerza, contrayendo los músculos abdominales con un empujón hacia atrás. La aspiración debe ser suave, lenta y prolongada.

3. Para empezar la secuencia, realiza aproximadamente una expulsión de aire por segundo, subiendo gradualmente a dos por segundo.

4. Comienza con una sesión de diez aspiraciones y diez espiraciones por la mañana.

5. En la segunda semana, aumenta la frecuencia del ejercicio añadiendo otra sesión a última hora de la tarde.

6. En la tercera semana, realiza dos sesiones por la mañana y otras dos a última hora de la tarde.

7. Aumenta gradualmente el número de aspiraciones y espiraciones hasta que llegues a realizar ciento veinte por sesión.

BENEFICIOS

❖ Limpia y tonifica el sistema respiratorio y los conductos nasales.
❖ Elimina los espasmos de los tubos bronquiales (algunos asmáticos afirman haber sido curados con ella).
❖ Desarrolla la capacidad pulmonar.
❖ Aumenta la absorción de oxígeno.
❖ Elimina impurezas de la sangre.
❖ Aumenta la energía.
❖ Calienta el cuerpo.
❖ Mejora la concentración.
❖ Tonifica el sistema circulatorio.

PRECAUCIÓN

❖ Interrumpe el ejercicio si te produce sensación de mareo.

BHASTRIKA
Respiración del fuelle

Una vez que domines Kapalabhati (véase página 139), Bhastrika te parecerá muy sencilla. *Bhastrika* significa «fuelle». Esta técnica muestra una rápida sucesión de expulsiones forzadas de aire, algo muy parecido a lo que hace un herrero cuando trabaja con el fuelle. Incluso produce una especie de resuello que suena como el aire expulsado por un fuelle. Cada sesión se completa con una aspiración prolongada, profunda, que se aguante lo más posible sin que resulte desagradable, y una espiración larga y lenta. Bhastrika es un ejercicio poderoso. Está formado por una combinación de Kapalabhati y Ujjayi, por lo que se aprende mejor una vez que se dominan las dos anteriores.

Bhastrika tiene el poder de desatar los tres nudos —brahma granthi, vishnu granthi y rudra granthi (véase página 20)— y el «cierre de la puerta del Sushumna». Por ello, es excelente para hacer ascender la energía Kundalini (véase página 18) y debería ocupar el lugar preeminente en el trabajo con los chakras. Físicamente, se dice que destruye las enfermedades que surgen del aire, la bilis y las flemas, que calienta el cuerpo y purifica los nadis.

BENEFICIOS

❖ Calienta el cuerpo.
❖ Alivia la inflamación de garganta.
❖ Mejora la digestión y acelera el metabolismo.
❖ Destruye las flemas.
❖ Puede curar el asma y otras enfermedades respiratorias.
❖ Purifica los nadis, o meridianos.
❖ Desata los tres granthis, o nudos.
❖ Hace subir la energía Kundalini.
❖ Beneficia el hígado y la vesícula.
❖ Fortalece los pulmones.

PRECAUCIÓN

❖ Interrumpe el ejercicio si te produce sensación de mareo.

1. Siéntate en una postura cómoda de piernas cruzadas, con las manos sobre las rodillas. Mantén el tronco erguido, la cabeza y el cuello en línea con la columna vertebral y la barbilla baja. Espira completamente y cierra la boca.

2. Aspira y espira muy deprisa diez veces, bombeando los pulmones como si fueran el fuelle de un herrero. Al hacerlo debería producirse un sonido silbante o resollante.

3. Haz una aspiración profunda y completa, y mantenla tanto tiempo como te resulte cómodo.

4. Espira tan despacio y prolongadamente como te sea posible. Con esto se completa una sesión.

5. Descansa un rato, haciendo unas cuantas respiraciones normales, antes de repetir el ejercicio.

6. Completa tres sesiones diarias por la mañana y otras tres a última hora de la tarde.

SITKARI
Respiración refrescante, calmante de la sed

Sitkari significa «tener» o «poseer». *Sit*, en sánscrito, quiere decir también «frío». Así, Sitkari es un pranayama que enfría. Durante la realización del ejercicio se produce el sonido «sit». Físicamente, refresca mucho los ojos y alivia los oídos. Resulta de gran ayuda para bajar una fiebre ligera. También estimula el bazo y el hígado, mejora la digestión y calma momentáneamente la sed cuando nos encontramos en una situación en la que no podemos beber.

BENEFICIOS

- ❖ Produce un efecto refrescante.
- ❖ Refresca, especialmente cuando tenemos sed.
- ❖ Alivia los ojos y los oídos.
- ❖ Alivia los trastornos hepáticos y la fiebre ligera.
- ❖ Estimula el hígado y el bazo.
- ❖ Mejora la digestión.

PRECAUCIÓN

- ❖ Interrumpe el ejercicio si te produce sensación de mareo.

1. Siéntate en una postura cómoda de piernas cruzadas o sobre los talones, con las manos reposando sobre las rodillas. Espira completamente.

2. Abre la boca ligeramente y coloca la lengua por detrás de los incisivos superiores. Los lados de la lengua deben cubrir los molares y los premolares inferiores.

3. Abre la mandíbula inferior, permitiendo que la lengua presione ligeramente entre los molares superiores e inferiores. La punta de la lengua dejará una pequeña abertura entre los dientes delanteros.

4. Absorbe aire a través de esta pequeña abertura. Esto produce el sonido «si».

5. Cierra la boca después de la inhalación. Esto producirá el sonido «t».

6. Aguanta la respiración cuatro veces superior al tiempo invertido en la aspiración.

7. Después de este tiempo, y manteniendo la boca cerrada, espira suavemente a través de la nariz.

8. Repite, siguiendo los mismos pasos, unas cuantas veces.

SITALI
Respiración refrescante

Al igual que en el caso de Sitkari (véase página 141), el nombre de esta respiración está relacionado por su efecto refrescante. Normalmente, el aire se calienta y humedece a su paso por la nariz. En este caso, el aire es introducido a través de un tubo formado al enroscar la lengua para producir un efecto refrescante. (No te preocupes si no puedes formar un tubo completo. Hazlo lo mejor que puedas.) Es preferible no practicar Sitali cuando el aire esté excepcionalmente caliente o frío.

BENEFICIOS

❖ Produce un efecto refrescante.
❖ Alivia los ojos y los oídos.
❖ Alivia los síntomas de trastornos hepáticos leves y fiebre.
❖ Mejora la digestión.
❖ Mejora el sistema metabólico.
❖ Activa el hígado.

PRECAUCIÓN

❖ Las personas con tensión arterial alta deben practicar este ejercicio, al principio, sin contener la respiración.

1. Siéntate en una postura cómoda de piernas cruzadas o sobre los talones, con las manos reposando sobre las rodillas. Espira completamente.

2. Saca la lengua aproximadamente un centímetro y medio de la boca y dobla los laterales de manera que formen un tubo.

3. Aspira lentamente a través de la abertura en la parte anterior del tubo.

4. Cierra la boca y aguanta la respiración un tiempo cuatro veces superior al empleado para la aspiración.

5. Espira lentamente a través de la nariz. Esto completa una sesión.

6. Comienza con cinco sesiones de Sitali y, gradualmente, auméntalas hasta quince.

7. Cuando domines la técnica puedes añadir los bandhas (véase página 19) al kumbhaka, o respiración contenida (véase página 132).

ANULOMA VILOMA
Respiración nasal alterna

He aquí una de las técnicas yóguicas de respiración más poderosas y beneficiosas. Observarás que, el hecho de practicarla, te hace sentir excepcionalmente tranquilo y lúcido, puesto que calma y purifica el sistema nervioso central. Además de esto, te ayuda a desarrollar el control sobre tu mente y tus emociones, despeja la nariz y normaliza el metabolismo. Normalmente respiramos a través de uno de los agujeros de la nariz durante unos diez o quince minutos y luego cambiamos al otro. A continuación se da un periodo de unos diez o quince minutos en el que respiramos por igual a través de ambos agujeros. Cuando respiramos predominantemente a través del agujero derecho, activamos las funciones del lado izquierdo del cerebro y estamos predispuestos a la acción. La respiración a través del agujero izquierdo estimula las funciones del lado derecho del cerebro, lo que promueve un estado de ánimo más tranquilo y reflexivo. Los yoguis solían emplear el agujero apropiado para la tarea que tenían entre manos. Cuando respiramos a través de los dos agujeros, nos sentimos tranquilos y equilibrados; el resultado final de anuloma viloma. Es un ejercicio muy beneficioso antes de los exámenes, las entrevistas o cualquier situación que podamos encontrar estresante.

1. Suénate la nariz concienzudamente antes de empezar. Siéntate en una postura cómoda y con la espalda recta.

2. Con la mano derecha, apoya el índice y el corazón en el centro de la frente. Espira completamente.

3. Aspira lentamente a través de los dos agujeros de la nariz y, a continuación, cierra el derecho con el pulgar.

4. Espira a través del agujero izquierdo de la nariz.

5. Aspira a través del agujero izquierdo de la nariz.

6. Cierra el agujero izquierdo de la nariz con el dedo anular, retira el pulgar y espira a través del agujero derecho.

BENEFICIOS

❖ Equilibra el sistema nervioso.
❖ Despeja los conductos nasales.
❖ Aumenta la concentración y la vigilancia.
❖ Alivia el estrés.

PRECAUCIÓN

❖ Interrumpe el ejercicio si te produce sensación de mareo.

7. Aspira a través del agujero derecho de la nariz, ciérralo con el pulgar y espira a través del agujero izquierdo, y así sucesivamente. Mantén un ritmo regular.

8. A medida que vayas dominando el ritmo puedes cambiar las proporciones, haciendo la espiración más prolongada o lenta. Comienza haciendo el ejercicio durante cinco minutos cada vez, aumentando gradualmente hasta que puedas practicar la respiración nasal alterna durante unos veinte minutos sin sentir incomodidad.

6 | dhyana meditación

... ese estado sereno y bendito,
En el que [...] el aliento de este cerco corpóreo
E incluso el movimiento de nuestra sangre humana,
Casi se detienen, y llega el sueño
Al cuerpo, y nos convertimos en un alma viviente:
Cuando, con la vista calmada por el poder
De la armonía, y el profundo poder de la alegría,
Contemplamos la vida de las cosas.

WILLIAM WORDSWORTH, *Tintern Abbey*

¿Por qué debemos meditar?

La meditación, o dhyana, es el penúltimo paso del sendero óctuple de Patanjali (véase página 21) que nos conduce hacia la razón más profunda de la práctica del yoga: samadhi. También es preferible meditar sin esperar nada a cambio, porque existen muchos beneficios anteriores a samadhi e, irónicamente, uno de los obstáculos para el éxito en la meditación es practicarla con una actitud expectante. Resulta conveniente cultivar una actitud pasiva y evitar lo que Wordsworth denomina «pequeños enemigos y bajos deseos».

Nos engañamos a nosotros mismos diciéndonos que la vida debe ser feliz y libre de problemas. Nuestro cometido es encontrar una manera de luchar contra las dificultades inevitables con «la vista calmada por el poder de la armonía», para aprender a mantenernos firmes. En verdad, el único lugar de refugio es el silencioso vacío interior. La meditación nos ayuda a alcanzar ese lugar, a acceder a él incluso en el estruendo de la peor de las tormentas; así se reducen las tensiones de la vida, además de la tensión arterial.

A veces se tiene el concepto equivocado que meditar hace que las personas se distancien, lo que no puede estar más lejos de la verdad. Requiere mucha autodisciplina el otorgar un tiempo cada día para la meditación. La práctica regular de ésta permea todas las áreas de la vida, haciéndonos más centrados y eficientes en todo lo que acometemos.

Aunque a menudo se asocia con las religiones orientales y con el misticismo cristiano, la meditación no tiene por qué ser religiosa en absoluto: está abierta a cualquier persona. Sus beneficios mentales, físicos y emocionales mejoran la vida de cualquiera y pueden llenar un vacío espiritual.

Beneficios físicos y mentales

- Reduce la tensión arterial.
- Relaja el cuerpo.
- Aumenta la energía.
- Aporta claridad mental.

Beneficios emocionales y espirituales

- Calma.
- Paz.
- Sentido de la unidad.
- Compasión.
- Falta de apego material.

Cuándo debemos meditar

El mejor momento para meditar es entre las tres y las cinco de la madrugada, cuando los pulmones poseen una mayor energía. El momento de despertarnos es también bueno, igual que justo antes de dormir. Dormir mucho o poco obstaculiza la meditación y destruye la lucidez para fijar la mente en un solo punto. Nunca medites después de una comida pesada; igual que para las posturas, deja dos horas tras una comida ligera y cuatro después de una completa.

El momento más difícil para meditar es cuando estás afligido por algo; sin embargo, tomarse el tiempo necesario para meditar en esos momentos es, a menudo, la clave para dar la vuelta a la situación.

los requisitos básicos

Una persona experta puede meditar en cualquier lugar: en un tren, en un avión o mientras espera para una cita; en cualquier momento que tenga libre. Sin embargo, para un principiante existen cuatro requisitos básicos.

Un lugar tranquilo

Si adquieres suficiente experiencia puedes meditar en cualquier lugar. Sin embargo, cuando empiezas, es bueno encontrar un lugar en el que puedas estar tranquilo, que tenga una temperatura agradable y en el que el ambiente no esté cargado. Prepáralo eliminando todos los trastos y encendiendo velas o quemando aceites aromáticos.

Una postura cómoda

No debes sentirte incómodo por la ropa que lleves, así que quítate lo que te vaya a molestar; también las joyas. Los pantalones vaqueros no son convenientes para meditar, ni siquiera los elásticos, y debes estar descalzo.

Antes de meditar, dúchate o lávate la cara y cepíllate los dientes; el aseo es importante en la práctica del yoga. Ve al lavabo y vacía la vejiga y, a ser posible, el intestino también.

Si el suelo no tiene alfombra, utiliza una alfombrilla para estar más cómodo y date el capricho de comprarte un almohadón de meditación, o «zafu». Este firme almohadón proporciona un buen apoyo y será una gran inversión, puesto que es más cómodo que las habituales planchas de espuma.

Elige una postura que te agrade entre las que se ilustran en estas páginas.

Una actitud pasiva

Nuestras mentes son como mariposas, volando de un tema a otro, buscando incansables el placer y la satisfacción. Se fijan en objetos externos, sucesos y gente. Cuando nos sentamos y repasamos los viejos recuerdos, nos agarramos a los buenos, disfrutando de nuestras ensoñaciones como lo haríamos de una buena comida. O nos ponemos a gruñir interiormente, dando vueltas a viejos resentimientos. Una vez observé a una anciana en un supermercado hablando consigo misma acerca de los alimentos expuestos, el polvo de las escaleras de casa, un niño que estaba pidiendo a gritos una buena azotaina; estaba verbalizando la forma en la que trabajan los cerebros.

Los pensamientos son como visitas indeseables que vienen a perturbar nuestra meditación y, cuanto más los clasifiquemos como «buenos» o «malos», más poder tendrán para drenar nuestra energía. Si los dejamos sin control, cierran la puerta de la calma interior y los estados mentales superiores. Cuando meditas, puedes tener la sensación de que tu caos interior se hace mayor; lo cierto es que te haces más consciente de él.

Desarrollar una actitud pasiva significa aprender a dejar pasar los pensamientos y retornar la mente suavemente al objeto elegido. Es raro que desaparezcan completamente, pero puedes aprender a espaciarlos más. Imagina que tu mente es como un perrito al que llevas con una correa extensible; cuando se aleje, tráela suavemente de vuelta a casa. Observa los pensamientos y déjalos que se alejen. Los pensamientos nos pueden enseñar y observarlos de este modo e identificar patrones regulares pueden aportarnos una gran visión interior.

Una estratagema mental

Una buena ayuda es ofrecer a la mente algo en lo que centrarse. Lo que se utiliza en la mayoría de las formas de meditación es la respiración: cuanto más te centres en ella, más produces el tipo de ondas mentales que asientan la mente. Con el tiempo podrás abandonar tu estratagema mental y descansar en el silencioso vacío de la mente superior.

Otro truco siempre presente en el que te puedes centrar es el sonido. Nadam es la práctica de meditación yóguica con sonidos. Para personas muy visuales, a veces es preferible utilizar la llama de una vela para concentrarse en ella.

SUSKHASANA
Postura fácil

Siéntate en el suelo y utiliza un almohadón de meditación firme (zafu) o un bloque de espuma, y dobla una rodilla acercando el pie hacia la entrepierna. A continuación, dobla la otra rodilla y lleva este pie delante del primero. Deslízate hacia la parte delantera del almohadón o del bloque, de manera que las rodillas bajen. Mantén la espalda erguida y la parte posterior del cuello estirada. Coloca las manos en el regazo, una sobre la otra, con los pulgares en contacto, o ponlas sobre las rodillas, con las palmas hacia arriba, uniendo el dedo índice y el pulgar.

Si te sientas en la parte delantera, un almohadón zafu te permite relajar las rodillas y abrir las caderas (ilustración de la derecha). Si te sientas en la mitad del almohadón (ilustración de la izquierda), las rodillas están levantadas y las caderas no pueden abrirse.

SIDDHASANA
Postura perfecta

Aquí la rodilla derecha está doblada y el talón izquierdo se ha colocado contra el perineo. El pie derecho se sitúa de forma que el talón toque el hueso púbico y entre la pantorrilla y el muslo de la pierna izquierda. (Si lo deseas, puedes intercambiar las posiciones de las piernas.) Coloca las manos bien sobre las rodillas, o bien como se ilustra en la «Postura fácil» (véase la postura anterior, arriba), dependiendo de lo que te resulte más cómodo.

PADMASANA
Postura del loto

Siéntate en una postura de piernas cruzadas, como la «Postura perfecta» (véase página anterior), pero a continuación levanta ambos pies y apóyalos sobre los muslos, acercándolos al cuerpo tirando de los tobillos, con las plantas de los pies hacia arriba. No realices esta postura si una de tus rodillas se separa del suelo, porque no estarás estable. Si no puedes conseguir la postura del loto completa, prueba una postura media, como ilustramos aquí. Apoya el dorso de las manos sobre las rodillas y junta los dedos índice y pulgar, o coloca las manos sobre el regazo, como ya hemos descrito anteriormente.

POSTURA EGIPCIA

Mucha gente da por hecho que deben sentarse en el suelo en una postura de piernas cruzadas para meditar correctamente, pero esto no es verdad. La realidad es que los cuerpos de las personas cambian y, por razones médicas, por no mencionar la edad avanzada, puede no ser posible o aconsejable bajar hasta el suelo. Sin embargo, la mayoría de nosotros disponemos de una silla corriente, con respaldo recto, y una de las maneras clásicas de meditar es sentarse sobre ella en lo que se conoce como postura egipcia. Siéntate en la parte delantera de una silla con respaldo recto, con los pies y las rodillas separados a una distancia equivalente a la anchura de las caderas, y coloca las manos cómodamente sobre los muslos, por encima de las rodillas. Mantén la columna vertebral recta y la parte posterior del cuello estirada. También puedes colocar una mano sobre la otra con ambos pulgares juntos.

tres formas sencillas de meditación

Estas meditaciones trabajan sobre todos los chakras, pero debes mantener la columna vertebral erguida para que puedan comunicarse entre sí sin obstáculos. Si sientes que empiezas a encorvarte, yérguete, estira la parte posterior del cuello y relaja los hombros. Elige la postura que te proporcione la menor distracción debida a la incomodidad, una postura que puedas mantener durante unos diez minutos (véanse páginas 147-148), y emplea una de las siguientes meditaciones. Te recomiendo que te ciñas a ella durante varias sesiones para darle la mejor oportunidad de funcionar... y si te funciona, continúa con ella.

CONSEJOS

❖ Si lo prefieres, centra tu atención en la suave subida y bajada de la respiración en tu vientre. Esto ayuda a establecer una mente muy activa, pero puede hacerte sentir más somnolencia.

❖ Si sientes que te entra sueño, levanta ligeramente la barbilla.

RESPIRACIÓN

1 Siéntate en una postura de meditación que te resulte cómoda (véanse páginas 147-148). Cierra los ojos y realiza tres profundas respiraciones yóguicas. Relájate.

2 A continuación, dirige toda tu atención hacia tu respiración. Siente cómo el aire fresco acaricia los finos pelillos de la nariz cuando aspiras. Siente el aire cálido sobre tu labio superior cuando espiras. No trates de manipular tu respiración, simplemente sigue prestándole atención y cuando tu mente divague, devuélvela suavemente a su sitio, a la respiración.

3 Finaliza la meditación abriendo los ojos o mirando hacia arriba, cuando estés preparado, e intenta mantener la sensación de paz.

NADAM
Sonido

1. Siéntate en una postura de meditación que te resulte cómoda (véanse páginas 147-148). Cierra los ojos y realiza tres profundas respiraciones yóguicas. Relájate.

2. Manteniendo la respiración acompasada y tranquila, centra tu atención en los sonidos que te rodean.

3. Pronto serás consciente de que, en tu mente, existe un sonido que está siempre presente. Puede ser como el zumbido de una nevera o como el murmullo del agua que corre. Éste es el sonido que producen tus células al vibrar: nadam. Céntrate en nadam y cuando tu mente divague, devuélvela suavemente a su sitio, a nadam.

CONSEJOS

❖ A menudo se confunde nadam con un zumbido patológico.
❖ Trata de no poner nombre a los sonidos; escúchalos cuando hagan su aparición.
❖ Nadam sirve de gran ayuda si tienes una mente activa.
❖ Pasar unos minutos en meditación nadam antes de dormir te ayuda a luchar contra el insomnio.

LA VELA

1. Coloca una vela sobre un taburete o una mesa delante de ti, justo por debajo del nivel de los ojos, y enciéndela.

2. Siéntate en una postura de meditación que te resulte cómoda (véanse páginas 147-148) y a un metro aproximadamente de la vela. Realiza tres profundas respiraciones yóguicas. Relájate.

3. Respirando suavemente, contempla la llama de la vela durante unos minutos.

4. A continuación, cierra los ojos e intenta conservar la imagen de la llama de la vela fija en el centro de tu frente durante tanto tiempo como te sea posible.

5. Cuando estés listo, finaliza la meditación abriendo los ojos.

CONSEJOS

❖ Si la imagen de la llama desaparece demasiado pronto, repite el paso 3.
❖ Quizá necesites quitarte las lentes de contacto antes de realizar esta meditación.
❖ Esta meditación funciona muy bien para personas con un sentido visual muy desarrollado.

meditación para los chakras

Esta meditación te ayudará a mantenerte en contacto con la salud y el equilibrio de tus siete chakras principales y a proporcionarte visiones interiores acerca de ellos.

Chakra corona:
sobre la corona de la cabeza y ligeramente por encima de ésta

Chakra entrecejo o tercer ojo:
entre las cejas

Chakra garganta:
en el centro de la garganta

Chakra corazón:
en el centro del pecho

Chakra plexo solar:
dos dedos por encima y por debajo del ombligo

Chakra raíz o base:
en la base de la columna vertebral

Chakra sacro:
sobre los genitales y ligeramente por encima de éstos

1 Siéntate en una postura de meditación que te resulte cómoda (véanse páginas 147-148) y cierra los ojos. A continuación, realiza tres profundas respiraciones yóguicas. Relájate.

2 Durante unos segundos, concéntrate en el chakra Ajna, en el centro de la frente.

3 A continuación, lleva tu atención a cada uno de los chakras por turno, desde Muladhara, en la base, hasta Sahasrara, en la corona, visualizando su color y escuchando su sonido. Siente que estás abierto a cualquier mensaje que pudieran tener para ti. Hazte consciente del nivel de energía en cada chakra y de si alguno de ellos requiere una atención especial. Si fuese necesario, utiliza las sugerencias para ayudarlos que aportamos en el capítulo 2.

visualizaciones para los chakras

Me gustaría establecer una clara diferencia entre meditación y visualización. Con diferencia, la práctica más importante para elevar la energía de los chakras es la meditación. Sin embargo, me he dado cuenta de que las visualizaciones ayudan a experimentar el potencial de los chakras. En ocasiones, un chakra concreto puede sentirse como especialmente desequilibrado y necesitar un apoyo extra, pero intenta no emplear demasiado tiempo centrándote en un chakra en particular en detrimento de los otros, produciendo de ese modo un desequilibrio.

MULADHARA
Primer chakra

1. Siéntate en la «Postura el trueno» (véase página 98) y concéntrate en tu respiración durante unos minutos.

2. A continuación, visualiza una luz roja que brilla en tu perineo. Imagina una raíz roja y fuerte, como una cinta, que crece de tu perineo y penetra profundamente en la tierra. Imagina que esta raíz te ancla y te alimenta con todos los minerales y nutrientes de la tierra.

3. Repite para ti mismo: «Doy gracias por el soporte que me ofrece la tierra. Estoy seguro y no tengo miedo».

4. Cuando estés preparado para finalizar, vuelve tu atención a la respiración y abre los ojos cuando estés listo.

VISUALIZACIONES PARA LOS CHAKRAS 153

SVADISTHANA
Segundo chakra

1. Siéntate en una postura de meditación que te resulte cómoda (véanse páginas 147-148). Concéntrate en tu respiración durante unos minutos.

2. A continuación, respira como si dirigieses el aliento hacia lo más profundo de la parte inferior de tu abdomen y visualiza un pozo de luz naranja, clara y brillante, que reluce y te llena la pelvis. Permite cualquier sensación placentera.

3. Permanece con la luz, respirando suavemente. Imagina que dicha luz crece con cada espiración.

4. Repite para ti mismo, tres veces: «Doy la bienvenida a todas mis emociones y las acepto. Mi vida está llena de oportunidades creativas».

5. Vuelve a la normalidad, respirando suavemente, y finaliza la visualización escuchando los sonidos que te rodean. Abre los ojos cuando estés listo.

MANIPURA
Tercer chakra

1. Siéntate en una postura de meditación que te resulte cómoda (véanse páginas 147-148), cierra los ojos y respira suavemente durante unos minutos, concentrándote en el movimiento de tu respiración en el ombligo.

2. A continuación, imagina que estás caminando, en un maravilloso día de verano, en medio de un enorme campo de girasoles.

3. Mira a tu alrededor, sobre el dorado campo, absorbiendo la visión de todas las flores amarillas y disfrutando del calor en tu cuerpo.

4. Un girasol atrae tu atención. Tomando la flor en la mano, mira en su interior, sintiendo la fuerza y el brillo del girasol irradiando hacia ti.

5. Mientras miras la flor, vas sintiendo un cambio gradual y pareces convertirte en esa flor, brillando con un fulgor único. Disfruta esa sensación durante unos minutos.

6. Repítete a ti mismo, tres veces: «Soy amoroso y convenientemente poderoso».

7. Cuando estés listo, vuelve a centrarte en tu respiración y finaliza la visualización de la manera habitual.

ANAHATA
Cuarto chakra

1. Arrodíllate en la «Postura el trueno» (véase página 98), con los ojos cerrados y las manos reposando sobre los muslos. Relaja los hombros y concéntrate en tu respiración. Permanece de este modo durante varios minutos hasta que estés completamente relajado y centrado.

2. A continuación, imagina a alguien que te quiere y que necesita sanación, arrodillado a tu lado. Imagina una línea de luz dorada extendiéndose en el suelo entre los dos.

3. Ahora imagina que esta luz sube por las espaldas de ambos apara unirse en el infinito, dibujando un triángulo.

4. Pide a tu consciencia superior (o a la divinidad) en este punto que esa persona pueda recibir sanación a través de la línea que baja hacia los dos. Puede que recibas una imagen o un mensaje desde la punta donde se cruza la línea de luz, o puede que no veas nada. De cualquier modo, da las gracias, confiando absolutamente en que tu amigo recibirá ayuda.

5. Cuando estés listo, vuelve a concentrarte en tu respiración y finaliza la visualización de la manera habitual.

VISHUDDHA
Quinto chakra

1. Elige una postura de meditación que te resulte cómoda (véanse páginas 147-148), cierra los ojos y concéntrate en tu respiración durante unos minutos.

2. Toma conciencia del aire fresco que entra en tu nariz mientras aspiras y del aire cálido sobre tu labio superior al espirar. Permanece con esta sensación durante unos minutos.

3. A continuación, traslada tu atención al sonido del aire al pasar por el tubo respiratorio y observa el ligero sonido *soo* que hace cuando aspiras y el sonido *umm* al espirar. Concéntrate en el *soo-umm* durante unos minutos.

4. Ahora visualiza una intensa luz azul turquesa que irradia de tu garganta hacia delante y hacia atrás. Mientras tanto, repite la afirmación: «Confío en mi voz interior y digo la verdad con claridad».

5. Cuando estés listo, vuelve a concentrarte en tu respiración; finaliza la visualización cuando lo desees de la manera habitual.

AJNA
Sexto chakra

1 Siéntate en una postura de meditación que te resulte cómoda (véanse páginas 147-148), cierra los ojos y concéntrate en respirar suavemente durante unos minutos.

2 Visualiza el Sol saliendo por el hemisferio derecho de tu cerebro y poniéndose por el izquierdo.

3 A continuación, visualiza la Luna saliendo por el hemisferio izquierdo de tu cerebro y poniéndose por el derecho.

4 Continúa relajado y visualiza que irradias luz añil hacia delante desde el chakra Ajna.

5 Continúa con esta imagen varios minutos.

6 Finaliza la meditación de la manera habitual y dedica cualquier intuición que hayas podido recibir al mayor bien de todos los seres vivos.

SAHASRARA
Séptimo chakra

1 Cómodamente sentado con las piernas cruzadas (véanse páginas 147-148), respira con suavidad hasta que te sientas totalmente centrado y relajado.

2 Visualiza una luz violeta que te emana de la corona de la cabeza y que se proyecta hacia arriba, haciéndose más brillante con cada respiración.

3 Imagina un apretado capullo de loto blanco que descansa sobre la corona de tu cabeza.

4 Continúa respirando con tranquilidad y visualiza cómo el loto, bañado por la luz violeta, va abriendo gradualmente sus mil pétalos hasta formar una especie de corona sobre tu cabeza.

5 Concéntrate en la corona de pétalos y observa cómo empiezan a irradiar luz dorada al universo.

6 Quédate con esta luz, que te conecta con el universo, hasta que te sientas preparado para salir de la meditación de la forma habitual.

índice de materias

Los números de página en *cursiva* hacen referencia a ilustraciones.

A
A (vocal) 53
A y O, mezcla entre (vocal) 29
Aceites de aromaterapia:
   Chakras principales 29-30, 37, 45, 53, 61-62, 68, 72
   Precauciones 45, 53
Acupuntura, puntos 76
   «espíritu exhausto» 40
     ejercicio 81
   «jade perlado» 62
   «puerta del destino/puerta de la vida» 40
     ejercicio 82
   «salón de jade» 50
Agni 18, 42
Airavata 26, 27
Ajna, chakra 15, 20, 49, 64-69
   Asanas *118-119*
   Localización 23, 64
   Meditación para 151
   Propósito 64-65
   Sugerencias para equilibrarlo 69
   Visualización para 155
Alimentos:
   Chakras principales 30, 37, 45-46, 53, 62, 68, 72
Akasha 18, 60
Alas de ángel *110-111*
Alta mayor, ejercicio 87
Anahata, chakra 20, 48-55

Asanas *110-114*
   Localización 23, 48
   Meditación para 151
   Propósito 48-50
     Sugerencias para equilibrarlo 55
   Visualización para 154
Anandamaya kosha 15
Anuloma viloma 66, 143
Arco de la espalda *126*
Asanas 21, 90, 91-92,
   Calentamientos 93-97
Aura 8-9, *9*, 12-15, *13*
   Equilibrada o desequilibrada 12
   Estratos 14-15, *15*
Autodominio 40
Avayu 51

B
Bandhas 19
Barco, el *107*
Bazo, ejercicio 82, *82*
Bergamota, aceite de 45
Bhastrika 140
Bhijangasana *101*
Bija (semilla) mantra 29, 42, 45
Bindu Vishargha, ejercicio 87, *87*
«bodhisattvas» 54
Boga 70
Brahma 27, *27*
Brahma granthi 20, *20*, 25

C
Cabeza de vaca *114*
Caderas, ejercicio para las 80
   Calentamiento 95

«caída de gotas» 87
Calentamiento para el cuello 97
Calentamiento para la caja torácica 96
Calentamiento para la cintura 96
Calentamiento para los pies 93
Calentamiento para los tobillos 94
Campo humano de energía 12, *13*
Cantos armónicos 45
Cementerio del espíritu, ejercicio 84, *84*
Chakras 8-10
   Apertura 9
   Asanas y 90
   Cabeza 76
   Cómo irradian 22
   Localizaciones 23, 151
   Meditación para 151, *151*
   Menores 76-77, *77*
   Activar 78-79
   Número de 16
   Siete principales 22, 23, 24-75
   Tres inferiores 14
   Visualizaciones para 152-155
   Véase también chakras concretos
Chakras de todo el cuerpo 77
Chimen, ejercicio 83, *83*
Chungwang, ejercicio 83
Cierre abdominal 19
Cierre anal 19

Cierre de la barbilla 19, *19*, 115
Cierres de energía; *véase* bandhas
Cinco Tibetanos 124, *124-128*
Circulación sanguínea 133, *133*
«ciudad de las joyas» 46
Cobra, la *101*
Cobra levantada *128*
Colores:
   Aura 8, 9, 12, 13
   Chakra Muladhara 9, 26
   Chakra Sahasrara 15, 79
Columna vertebral; *véase* Sushumna
Completa sobre los hombros, postura *122-123*
Conexiones físicas:
   Chakras principales 28-29, 36-37, 44-45, 52-53, 61, 66, 72
Control de la respiración; *véase* pranayama
Corazón, chakra del; *véase* Anahata, chakra
Corona, chakra de la; *véase* Sahasrara, chakra
Corrientes de energía *16*, 16-17
Cuerpo astral 14
Cuerpo causal 15
Cuerpo físico 14
«cuerpos»; *véanse* koshas

D
Dakini 27, *27*
Deidades:

Chakra Ajna 67, *67*
Chakra Anahata 51, *51*
Chakra Manipura 42-43, *43*
Chakra Sahasrara 73, *73*
Chakra Svadisthana 35
Chakra Vishuddha 58-59, *59*
Deviasana *102-103*
Dharana 21
Dhyana 21, 144-155
    Beneficios 144
    Para los chakras principales 151-155
    Posiciones/posturas *145, 147-148*
    Requisitos básicos 146
    Tres formas sencillas *149-150*
Dinero 34
Diosa, postura de la *102-103*
Doble etérico 14

E
E (vocal) 61
Edad, los chakras principales y la 28, 34-36, 41-42, 50-52, 61, 66, 72
Ejercicios:
    Calentamientos 93-97
    Cuándo no practicar asanas 92
    Dónde y cuándo practicar asanas 91
    Véanse también ejercicios concretos
    Para los chakras menores 78-89

Elemento aire 50
Elemento agua 34
Elemento fuego 42-44; *véase también* Agni
Elemento metal 36, 50, 134
Elemento tierra 26
Elevación abdominal *106*
Elevación de piernas *126*
Elevación del vientre *127*
Empeines, ejercicio 78
Energía:
    Abierta 74-75
    Desequilibrada o bloqueada 30, 38, 46, 54, 62, 69
    Dormida 75
    Equilibrada 9
    Chakras principales 31, 31, 37-38, 39, 46, 47, 53-54, 55, 62, 63, 68-69, 72-75
    Véase también aura
    Shakti/Shiva 26, 51, 58, 59, 67
    Véase también prana
Energías sutiles 8-9
    Sistema 16, *16-17*
Envolturas; *véase* koshas
Espacio; *véase* tiempo y espacio
Espíritu exhausto, ejercicio 81
Estrella del alma, ejercicio 89, *89*
Estrella de la tierra, ejercicio 78
Éter elemento; *véase* Akasha

F
«familia» 24
Frente, chakra de la; *véase* Ajna, chakra
Fuego, respiración de 139
Fuerza vital 130

G
Ganga 17
Garbhasana 100
Garganta, chakra; *véase* Vishuddha, chakra
Garganta, parte posterior, ejercicio 87
Gauri 59
Gemas:
    Chakras principales 29, 37, 45, 53, 61, 68, 72
Giros *125*
Glándula pineal 66, 72
Glándula pituitaria 66
Glándulas:
    Chakras principales 29, 37, 45, 53, 61, 66, 72
Glándulas de adrenalina 29
Gomukhasana *114*
Granthis 20, *20*
Gusto (sentido) 34

H
Habla 57-58
Ham (mantra) 61
Hara, ejercicio 81
Hombros, ejercicio 86, *86*
    Calentamiento 96

I
I (vocal) 66
Ida *16*, 17, 67
Isa 51, *51*

J
Jalandhara bandha 19, *115*

K
Kakini 51, *51*
Kali 42-43
Kalpa, árbol; *véase* Kalpavriksha, chakra
Kalpavriksha, chakra 49
Kamadhenu 88
Kapalabhati 139
Karana sarira 15
Kelder, Peter 124
Kilham Christopher 124
Koshas 8, 14-15
Kumbhaka 132-133
Kundalini 18
    Localización 25

L
Lakini 42, *43*
Lalana, ejercicio 87, *87*
Lam (mantra) 29
Lama Yeshe 64
Langosta, la *104-105*
Liberación, puerta de la; *véase* Ajna, chakra
Liebre, la *120-121*
Líneas aéreas *131*
Linghsu, ejercicio 84, *84*
Loto, flores de 8, *11*
    Chakra Ajna 67, *67*
    Chakra Anahata 51, *51*
    Chakra Manipura 42, *43*
    Chakra Muladhara 27, *27*
    Chakra Sahasrara 73, *73*
    Chakra Svadisthana 35, *35*
    Chakra Vishuddha 58, *59*
Loto, postura del *148*

Luna, puerta de la; *véase* Svadisthana, chakra

M
M (vocal) 72
Maha mudra *129*
Manipura, chakra 14, 40-47
    Asanas *106-109*
    Localización *23*, 40
    Meditación para 151
    Propósito 40
    Sugerencias para equilibrar 47
    Visualización para 153
Manomaya kosha 14
Mantras:
    Chakras principales 29, 37, 45, 53, 61, 66, 72
Matsyasana *117*
Media sobre los hombros, postura *122-123*
Meditación; *véase* dhyana
Mente:
    Primera envoltura 14
    Segunda envoltura 14-15
Meridianos; *véase* nadis
Miedo 34
Ming Meng, ejercicio 82
Moksha 70
Moralidad 36
Mula bandha 19
Muladhara, chakra 14, 20, 24-31
    Asanas *98-100*
    Cómo irradia 22
    Localización *23*, 24
    Meditación para 151
    Propósito 24-25
    Sugerencias para equilibrar 31
    Visualización para 152

N
Nadam 146, 150
Nadis 8, 9, *16*, 16-17
Nethra vyayamam *118-119*
Nirvana 70
Niyamas 21
Nudo de Brahma; *véase* Brahma granthi

O
O (vocal) 37, 45
Oído (sentido) 60-61
Ojos, ejercicios de 88, *88*, *118-119*
Olfato (sentido) 26-28
Om (mantra) 66, *67*
    Salmodiar 119
Ombligo, chakra del; *véase* Manipura, chakra
Ovarios 37

P
Padmasana *148*
Palma de la mano, ejercicio 80, *80*
Páncreas (glándula) 45
Paschima nauasana *107*
Patanjali, sendero óctuple de 21, 25, 40
    Primer paso 36
    Penúltimo paso 144-155
Perro *128*
Pez, el *117*
Pingala *16*, 17, *67*
Plexo solar, secundario, ejercicio 83
Poder personal 40
Postura del león *116*
Postura del niño *100*
Postura egipcia *148*
Postura fácil *147*
Postura perfecta *145*, *147*
Posturas enlazadas 124
Prana 14
    Conservación 130
    Nadis y 17
Pranayama 21, 130-143
    Con asanas 92
    Respiración completa 138
    Identificación de áreas de expansión *135-136*
    Técnicas básicas 137-143
Pranayama kosha 14
Pratahara 21
Priviti (diosa) 26-27, *27*
Problemas posturales 90, *90*
Puente, el *108-109*
Puerta de la esperanza, ejercicio 83, *83*
Puerta de los niños, ejercicio 81, *81*
Puraka 132-133

R
Raíz, chakra; *véase* Muladhara, chakra
Rakini 35, *35*
Ram (mantra) 42, 45
Ramakrishna 48-49
Rechaza 132-133
Reconocimiento instintivo 12
Regaliz 30
Rejuvenecimiento, ritos de; *véase* Cinco Tibetanos
Relaciones 33-34
Respiración:
    Áreas de expansión *135*, *136*
    Beneficios 134
    Consciente e inconsciente 132
    Mecánica de la 131-133, *131-133*
    Para meditar 149
    Síntomas de respiración incorrecta 134
    Véase también pranayama
Respiración abdominal *135*
Respiración de la parte superior del pecho *136*
Respiración de las costillas *136*
Respiración del fuelle *140*
Respiración inferior *135*
Respiración media *136*
Respiración nasal alterna 66, 143
Respiración para calmar la sed 141
Respiración por el lado derecho de la nariz 17
Respiración por el lado izquierdo de la nariz 17
Respiración refrescante 141
Respiración sonora 137
Respiración superior *136*
Rodillas, ejercicio 79, *79*
    Calentamiento 94
Rudra 42, *43*
Rudra granthi 20, *20*, 64
«rueda»; *véase* chakras

S
Sacro, chakra; *véase* Svadisthana, chakra
Sadasiva 58-59, *59*
Sahasrara, chakra 70-75

Asanas *120-123*
Cómo irradia 22
Localización 23, 70
Meditación para 151
Propósito 70
Sugerencias para
  equilibrarlo 75
Visualización para 155
Sakti hakini 67, *67*
Sakti sakini 58, 59, *59*
Samadhi 21, 70
Sarvangasana *122-123*
Sasangasana *120-121*
«Seis perfecciones» 54
Sendero óctuple; *véase*
  Patanjali, sendero
  óctuple de
Sentidos:
  Chakras principales
    26-28, 34, 44, 50,
    60-61, 66, 72
Setu bandha 108
Shalabasana *104-105*
Shenshueh, ejercicio 81
Shunya 67, *67*
Siddhasana *147*
Siddis 20
Símbolos:
  Chakra Ajna 67, *67*
  Chakra Anahata 51, *51*
  Chakra Manipura 40,
    42-43, *43*
  Chakra Muladhara
    26-27, *27*
  Chakra Sahasrara 73, *73*
  Chakra Svadisthana 35,
    35
  Chakra Vishuddha
    58-59, *59*
Simhasana *116*
Sitkari 141

Sol, puerta del; *véase*
  Manipura, chakra
Soma, ejercicio 88
Sonido:
  Chakras principales 29,
    37, 45, 53, 61, 66, 73
  Meditación con 146, 150
  Subidas y bajadas del
    cuerpo 99
Surya 42, 43
Surya Namaskar 124
Sushumna 9, *16*, 17, 22
Suskhasana *147*
Svadisthana, chakra 14,
  32-39
  Asanas *101-105*
  Localización 23, 32
  Meditación para 151
  Propósito 32-34
  Sugerencias para
    equilibrar 39
  Visualización para 153
Swan, Janet 76

T
Tacto (sentido) 50
Tan Tien, ejercicio 81
Tara (diosa tibetana) 50
Tattvatita 20
Tiempo y espacio, puerta
  del; *véase* Vishuddha,
  chakra
Tierra, puerta de la; *véase*
  Muladhara, chakra
Timo, glándula 61
Triángulo, el *112-113*
Trikonasana *112-113*
Trueno, el 98

U
Uddiyana bandha 19, 106

Ujjayi, técnica 137
«urdimbre» 8, 16

V
Vacío, puerta del; *véase*
  Sahasrara, chakra
Vacío, el; *véase* Shunya
Vajrasana 98
Vam (mantra) 37
Vela, meditación 150
Vijnanamaya kosha 14-15
Vientos, puerta de los;
  véase Anahata, chakra
Vishnu 35, *35*
Vishnu granthi 20, *20*
Vishuddha, chakra 56-63
  Asanas *115-117*
  Ejercicio 87, *87*
  Localización 23, 56
  Meditación para 151
  Propósito 56-58
  Sugerencias para
    equilibrar 63
  Visualización para 154
Vista (sentido) 44
Vocal:
  Chakras principales 29,
    37, 45, 53, 61, 66,
    72

Y
Yam (mantra) 53
Yamas 21, 36
Yoga:
  Efecto sobre el aura 12
  Efecto sobre el prana 17
  Fin último 70; *véase
    también* sendero
    óctuple
  Importancia de la
    respiración 130

«ocho miembros» 21
Posturas; *véase* asanas

Z
Zonas reflejas
  (manos/pies):
  Chakras principales 28,
    36, 44, 52, 60, 68, 74

Agradecimientos

Me gustaría dar las gracias al equipo de Gaia, Hamlyn/Octopus, en especial a Jo Godfrey Word, Patrick Nugent, Camilla Davis, Jennifer Barr y Stella Dwyer, por su apoyo y estímulo. También me gustaría dar las gracias a Jonathan Milton, el editor; a Peggy Sadler, por el diseño del libro; a Elizabeth Haylett, de la Sociedad de Autores; a Ruth Jenkinson, fotógrafa, y a su ayudante Sarah Bailey; a la modelo Megan Thomas; a Victoria Barnes, por el maquillaje; a Kathie Gill, por el índice; a Fred Chance, por el diseño de la página web; a Janet Swan, por sus intuiciones sobre los chakras y la sanación; a Tim Holland, por sacarme de los callejones sin salida informáticos; a Howard Koolman, por la lectura; a Rosi Thomas, Stella Barnes, Debby Leek, Anne Gleeson y Francis Hunot, por su estímulo constante y por no dejarme que me tome a mí misma demasiado en serio; y al infatigable James McDermott, de BT, que recorrió una milla de más para volver a conectarme. Y por último, pero no por eso menos efusivamente, a mi familia: Owen, Megan, Diana, Frank, Nina, Nils e Indigo, por las muchas intuiciones que me proporcionaron.

Si deseas obtener información acerca de los talleres y presentaciones sobre Yoga de Mary Horsley, Meditación, Chakras y Escritura Creativa, puedes ponerte en contacto con: www.maryhorsley.co.uk. Si deseas obtener información acerca de los talleres Mary Horsley's Enneagram, puedes ponerte en contacto con: www.enneagramforthespirit.co.uk.

Créditos de las ilustraciones

Todas las fotografías son obra de Ruth Jenkinson, excepto las siguientes:
Página 10: akg, London/British Library.
Página 11: Alamy/Heather Titus/Photo Resource Hawaii.
Página 18: Corbis UK Limited/David A. Northcott.

Todas las ilustraciones son obra de Bill Donohoe.

Editor: Jonathan Milton.
Editora de proyecto: Camilla Davis.
Diseño: Peggy Sadler.
Dirección artística: Patrick Nugent.
Dirección editorial: Jo Godfrey Wood.
Producción: Louise Hall.
Fotografía: Ruth Jenkinson.
Edición en español: Equipo editorial Gaia Ediciones